审定修订人员名单

修订审定：

　　　　孙玉文　　杨逢彬　　梁　涛

修订人员：（按姓氏音序排列）

　　　　都晓梅　　韩　悦　　胡玉恒　　黄　胜

　　　　李　新　　王　瑾　　许庆江　　杨　兵

　　　　尹　强　　于鸿雁　　张　明　　祝安顺

中华文化
基础教材

上

董金裕　总审定

陈训章　总编著

中华书局编辑部　修订

中华书局

图书在版编目（CIP）数据

中华文化基础教材.上/董金裕总审定;陈训章总编著;中华书局编辑部修订. —北京:中华书局,2013.8(2024.9 重印)
ISBN 978-7-101-09468-8

Ⅰ.中… Ⅱ.①董…②陈…③中… Ⅲ.中华文化–高中–教材
Ⅳ.G634.301

中国版本图书馆 CIP 数据核字(2013)第 139663 号

本书中文简体字版由台湾龙腾文化事业股份有限公司授权出版
版权登记号：01-2013-3938

书　　　名	中华文化基础教材（上）	
总 审 定	董金裕	
总 编 著	陈训章	
修 订 者	中华书局编辑部	
责任编辑	王　建	
装帧设计	王铭基	
责任印制	管　斌	
出版发行	中华书局	
	（北京市丰台区太平桥西里 38 号　100073）	
	http://www.zhbc.com.cn	
	E-mail:zhbc@zhbc.com.cn	
印　　　刷	北京新华印刷有限公司	
版　　　次	2013 年 8 月第 1 版	
	2024 年 9 月第 20 次印刷	
规　　　格	开本/787×1092 毫米　1/16	
	印张 18¾　字数 150 千字	
印　　　数	147781-149780 册	
国际书号	ISBN 978-7-101-09468-8	
定　　　价	44.00 元	

出版说明

中华优秀传统文化凝聚着中华民族自强不息的精神追求和历久弥新的精神财富，是发展社会主义先进文化的深厚基础，是建设中华民族共有精神家园的重要支撑。在高中教育阶段充分结合教学改革与创新，有效开展中华优秀传统文化教育教学，探索建立优秀传统文化在高中阶段的教育传承体系，已成为中华文化伟大复兴的必然要求。

我国台湾地区60多年来在高中课程中一直安排有《中国文化基本教材》科目，属于必修科目，内容主要涵盖传统儒家经典"四书"。2006年，在台湾"去中国化"的政策下，废除《中国文化基本教材》科目，改为《论孟选读》，由必修改为选修，教学课时也大幅减少。2011年，经《中华文化基本教材》（以下简称"原教材"）课程大纲修订小组不断努力，终于通过课程大纲，将该课程由选修恢复为必选（基本等同于必修），同时为避免部分人士的反弹，将课程名中"中国"一词改为"中华"，从2012年9月起在台湾地区正式实施。

中华书局经过调研与论证，认为原教材所承载的文化内容是中华传统文化的经典内容，具有跨越海峡的共通性与跨越时代的普适性，同时，原课程在台湾地区几十年的教学历史积累的丰富经验对大陆高中也具有重要的参考价值。为此，中华书局与教材总审定董金裕教授、教材出版方台湾康熹文化公司进行了版权合作，在原版基础上，结合大陆的传统文化研究和一线教学实践，邀请北京大学中文系、上海大学中文系、中国人民大学国学院等机构的权威专家进行了全面系统的修订，并邀请北京市第四中学、北京大学附属中学、华南师范大学附属中学、上海市光明中学等高中的一线语文骨干教师对原教材中的"今人今事"和"历届大考试题"等教学模块进行了全面改写，最终定名为《中华文化基础教材》（以下简称"本教材"）正式出版，供大陆的高中开展中华传统文化教学使用。

本教材的修订工作主要涵盖以下几项：

其一，正文的字、词、句、章节的注释和解读方面，邀请大陆知名专家结合学术前沿成果进行了修订，使之在学术性方面更加严谨与准确。

其二，"今人今事"模块，本教材突破原教材所选人与事以台湾地区为主的局限性，立足全中国、放眼世界，以浅近易懂的故事笔法，介绍与本单元主旨契合的现代的人与事，用以印证经典文本的核心义理，更适于培养学生以天下为怀的宏大气象。

其三，"历届大考试题"方面，原教材仅选择台湾地区高中大考试题，本教材则改为以大陆的全国高考试题、地方高考试题以及高校自主招生试题为主，更符合大陆的教学实际，同时适量辅以新加坡和我国台湾地区的相关试题，用以拓宽学校和学生的视野，以帮助学生提高知识运用与解题能力。（"历届大考试题"中针对试题本身引文有误的情况，均依据权威版本予以校订，特此说明。）

修订后的教材以"立德树人"为教学宗旨，期望通过引导学生学习和传承本民族的优秀传统文化，使其成长为可资"修齐治平"、兼备"仁义礼智信"，具有人文情怀与世界眼光的现代中国人。

本教材分上下两册，内容以儒家经典"四书"为主，共计选入《论语》168章、《孟子》50章、《大学》4章、《中庸》4章。采用分类方式编辑，可使学生在学习后得到较有系统的认识。《论语》、《孟子》各章中可分属于不同单元中的内容，为避免重复，凡已于前单元选用的，则不在后单元选用。每个单元之前均附有"引言"，之后则设有"问题与讨论"；于各章之下均列有"章旨"、"注释"、"解读"、"相关名言"等。大部分单元后还列有"今人今事"与"历届大考试题"，以丰富学习内容，活跃教学气氛。

历来训解"四书"的著述极多，说解难免有所歧异，为减轻学生的学习负担，教材中的注释以《十三经注疏》及朱熹《四书章句集注》中的观点为主，并综合其他有价值的观点，择善而从。本教材所选各章，依朱熹《四书章句集注》的篇章次序，列于书末作为索引，以资参考。

本教材之编辑力求严谨，编写过程中广纳高中、大学教师意见，期望能以较完善的面貌呈现。但疏漏之处在所难免，敬祈学界同人不吝指正。

中华书局编辑部

2013年6月

目录

论语概述

一、论语之名义

"论语"这两个字的意义是什么？应当读作"lùn yǔ"呢，还是读作"lún yǔ"？最早谈论到《论语》名义的是汉朝班固《汉书·艺文志》：

> 《论语》者，孔子应答弟子、时人，及弟子相与言，而接闻于夫子之语也。当时弟子各有所记，夫子既卒，门人相与辑而论纂，故谓之《论语》。

由"门人相与辑而论纂"解释"论"，可知《论语》是孔子死后，由门人讨论编纂而成。以"孔子应答弟子、时人，及弟子相与言，而接闻于夫子之语"解释"语"，说明《论语》所记载的是孔子及其弟子的话语。

汉朝刘熙《释名·释典艺》说：

> 论，伦也，有伦理也。

以"有伦理也"解释"论"，指出论语的内涵是"事物的条理"。唐朝陆德明《经典释文》引汉朝郑玄的话：

> 论，如字，纶也，轮也，理也，次也，撰也。

宋朝邢昺《论语集解序·疏》在此基础上发挥说：

以此书可以经纶世务，故曰纶也；圆转无穷，故曰轮也……。

认为《论语》的内容可以"经纶世务"，所以说是"纶也"；书中的义理"圆转无穷"，所以说是"轮也"。

依照班固、刘熙、陆德明、邢昺等人的说法，则《论语》的"论"字应该读作"lún"。

至于"语"字，则指孔子及其弟子的话语。因此"论语"应读作"lún yǔ"。

二、《论语》之编者

《论语》虽然记载了孔子及其弟子的话语，但这本书并不是孔子亲手撰写的，而是"弟子各有所记"，也有再传弟子所记。这些弟子和再传弟子所记的零散章节，究竟是什么人把它编纂成书的？历来学者有不同的看法。归纳起来，可分为两类：

第一类，认为《论语》是孔子的弟子所编纂，如汉朝赵岐《孟子题辞》说：

七十子之畴，会集夫子所言，以为《论语》。

并没有明言是哪些弟子。到了唐朝陆德明《经典释文·叙录》，就引用汉朝郑玄的话，以为编纂者乃"仲弓、子游、子夏等"。

第二类，认为《论语》是孔子的再传弟子所编纂，如汉朝班固《汉书·艺文志》说：

当时弟子各有所记，夫子既卒，门人相与辑而论纂。

班固分言弟子、门人，应当各有所指，弟子指孔子的弟子，门人则应包括孔子的再传弟子。班固之意是《论语》各章，本为孔子弟子所记录，及至孔子卒后，才由孔子的弟子及再传弟子纂辑成书。不过班固并没有明言究竟是哪些弟子及再传的弟子。

到了唐朝柳宗元《论语辩》就明白指出，所谓门人即是曾子的弟子；宋朝朱熹《论语集注》则引用程颐的话，认为应该是有子、曾子的弟子；另外，宋朝永亨《搜采异闻集》又认为指的是闵子骞的弟子。

综合而论，从《论语》记载了孔子极年轻的弟子曾子的临终之言（《史记·仲尼弟子列传》谓曾子少孔子四十六岁），可见编纂者应该是孔子的再传弟子。又《论语》中出现了若干内容重复的章节，亦可见编纂者可能不止一两个人。因此《论语》的编者必定是孔子再传的弟子，但究竟是哪几位再传的弟子，就难以一一指明了。

三、《论语》之传本与篇章

《论语》在战国初年编纂成书以后，即普遍受到重视，不幸到了秦朝，竟遭到禁毁。汉朝兴起后，经籍渐出，《论语》出现了三种不同的传本：

（一）鲁《论语》

鲁国人所传，共二十篇，篇次与今传《论语》相同。

（二）齐《论语》

齐国人所传，共二十二篇，比《鲁论语》多了《问王》、《知道》两篇。相同的二十篇中，章句也略多于《鲁论语》。

（三）古《论语》

发现于孔子故宅壁中，以古文写成，与《鲁论语》、《齐论语》用今文（隶书）写成的不同。共二十一篇，无《齐论语》的《问王》、《知道》两篇，但把《鲁论语·尧曰》篇后的"子张问何如斯可以从政"以下另立一篇，有两个《子张》篇（或以为别称《从政》篇）。篇次与《鲁论语》、《齐论语》不一样，文字也有四百多字的差异。

以上三种传本，在西汉时代各有传习者。汉成帝时，安昌侯张禹先研习《鲁论语》，后来又讲读《齐论语》，最后将两者加以融合，删除其中的烦惑之处，并以《鲁论语》的二十篇为基础，去除《齐论语》的《问王》、《知道》两篇，号称为《张侯论》，拿来教导成帝。由于张禹是帝王之师，地位显贵，影响力大，《张侯论》遂普遍流行起来。后来郑玄等为《论语》作注解，大抵都依

003

据《张侯论》而略加改订，因此今传《论语》基本上可以说是《张侯论》。

今传《论语》共二十篇，其篇名依序为：《学而》、《为政》、《八佾》、《里仁》、《公冶长》、《雍也》、《述而》、《泰伯》、《子罕》、《乡党》（以上十篇称《上论》）；《先进》、《颜渊》、《子路》、《宪问》、《卫灵公》、《季氏》、《阳货》、《微子》、《子张》、《尧曰》（以上十篇称《下论》）。每篇之下分为若干章，章数的多少及各章的长短并不一致。

《论语》二十篇的命名方式，大抵是取每篇第一章，去除开头的"子曰"、"子谓"等字，而以其次的两三个字作为篇名，并无特别意义。

四、《论语》之重要注本

《论语》是儒家的重要经典，历代为它作注解的人很多，其中较为重要者，有下列几种：

（一）《论语集解》（魏·何晏）

此书为现存完整而最早的《论语》注本，乃《十三经注疏》中的《论语·注》。

（二）《论语义疏》（梁·皇侃）

此书于南宋时在中国已经亡佚，到清朝乾隆年间才又从日本传回中国，现收入《四库全书》中。

（三）《论语正义》（北宋·邢昺）

此书因被颁列于学官，对宋朝读书人影响很大，乃《十三经注疏》中的《论语·疏》。

（四）《论语集注》（南宋·朱熹）

此书与同为朱熹所编的《孟子集注》、《大学章句》、《中庸章句》，合称《四书章句集注》。从元朝以后即被定为科举考试的必读之书，所以对于元、明、清三朝的读书人影响甚大。

（五）《论语正义》（清·刘宝楠）

此书征引的资料非常丰富，虽以训诂考据见长，但也兼重义理。

以上五种注本，何晏《论语集解》、皇侃《论语义疏》反映了两汉儒者和魏晋学者对《论语》的见解，邢昺《论语正义》可代表汉学、宋学转变中对《论语》的看法，朱熹《论语集注》可谓宋朝理学家对《论语》见解的代表作，刘宝楠《论语正义》则是清朝汉学家对《论语》见解的具体表现，各有其长处。可是因为都是古人的注本，以文言文写成，同学们可能一时不容易阅读。不过目前已有多家出版机构印行了用白话文写成的注译本。其中影响最大的，应属杨伯峻的《论语译注》，张政烺说这本书"在今注中确有极高的学术价值，可以达到雅俗共赏的境地"。此外，孙钦善的《论语本解》用力较深，对《论语译注》有拾遗补阙作用；李泽厚的《论语今读》则长于义理的发挥。在台湾地区，钱穆的《论语新解》影响较大，而注解颇见功力的当属潘重规《论语今注》，惟后者有注而无译。大家可以选择其中一两种作为参考，以增进对《论语》内容的理解。

孔子的生平及其成就

孔子，名丘，字仲尼，春秋时代鲁国陬邑昌平乡（今山东省曲阜市）人。生于周灵王二十一年（鲁襄公二十二年，公元前551年），卒于周敬王四十年（鲁哀公十六年，公元前479年），享年七十三岁。

一、生平

孔子的一生，大略可以分为五个阶段：

（一）刻苦求学时期

孔子三岁时，父亲叔梁纥去世，家道从此衰微，由母亲颜徵在辛苦抚养成人。孔子从小便对礼很感兴趣，常在游戏时，以摆设礼器、演习礼仪为乐。到十五岁时，就很有自觉地发愤向学。不幸，十七岁时母亲积劳成疾而离开人世。十九岁时，与丌官氏（丌，音qí。汉《礼器碑》作并官氏）结婚，翌年生子，鲁昭公赐以双鲤，因之将儿子取名为鲤，字伯鱼。为了维持家计，二十岁起，先后做过委吏（管理仓库的小吏）、乘田（管理牲畜的小吏），职位虽然不高，但他都很尽职，不仅工作绩效良好，而且学到了许多生活的技能。在艰困的环境中，他从不中断学习，曾向郯子请问官制，向师襄学习弹琴，又分别向老聃、苌弘请教礼、乐的道理。到了三十岁时，就奠定了学问的坚实基础。

（二）开始设教时期

孔子三十岁左右，由于学有所成，便陆续有人前来向他问学。对于来学者，不论贵贱、贫富、智愚，他都热心教导，开创了中国的平民教育。能够针对学生的个性、才能，分别采取不同的方式加以指点。教学时非常注重启发反省，鼓励学生学习与思考结合，更经常与学生闲坐谈心，诱导他们立志。除了传授士人所应具备的一般技能以外，尤其重视人格的培养。他的教法灵活多样，学生受益很大，师生相处极为融洽，到他门下受教的人愈来愈多。而孔子的教学生涯也因而一直延续到他的晚年，终其一生，学生人数有三千之多。

（三）出仕鲁国时期

由于孔子知书达礼，娴熟政道，鲁国国君及执政大夫常向他请教治国之方，可是因为鲁国政局太乱，孔子始终不愿意出仕。到了孔子五十一岁，鲁国政局稍定，鲁君也有心求治，孔子才出任中都（今山东省汶上县）宰（地方首长），一年之后，境内大治。遂升任司空（掌水土事宜），农业生产大增；又晋升为大司寇（掌司法行政），且代理卿相之职，辅佐鲁君与齐君相会于夹谷（在今山东省莱芜市），因准备充分，既免除了齐国的威胁，又为鲁国争回不少失地。不过在任内，想要铲除掌权大夫势力的行动却告失败，再加以齐国设计用女乐蛊惑鲁君，鲁君逐渐荒怠政事，孔子眼见情势已难有作为，乃毅然辞去官职，离开鲁国。

（四）周游列国时期

孔子从五十五岁起，开始周游列国，想要推行其仁政、德政的主张，先后经过了卫、陈、曹、宋、郑、蔡、楚等国，拜会了许多国君和大夫。虽然是风尘仆仆，历尽艰辛，但是所得到的仅是表面上的礼遇，并没有任何一位国君肯真正重用他。而在旅途之中，更遭受到无数的迫害和不少的嘲讽。不过孔子仍然坚持其一贯的信念，怀抱着知其不可而为之的精神，丝毫不改变其淑世救人的崇高理想。一直到他六十八岁时，鲁君派人很诚恳地邀请他回国，孔子也想到有许多学生有待于栽培，民族的文化遗产更亟需整理，才结束了十四年的周游生涯，回到鲁国。

（五）删述六经时期

基于传承民族文化的强烈使命感，孔子晚年的主要工作就投注在整理文化遗产上面，将古来相传的各种文献，做有系统的搜集、修订，并且加以传播、发扬。删《诗》、《书》，订《礼》、《乐》，赞《周易》，修《春秋》。不仅将自己的理想寄托其中，同时拿来教导学生，期望能够达到承先启后的目的。在这段期间，他仍然持续着教学的工作。可能由于过度劳累，再加上儿子孔鲤，以及他最喜爱的学生颜渊、子路先后死亡，更对他的心灵造成严重的打击，终于一病不起，七十三岁时溘然长逝。

二、成就

孔子的成就是多方面的，很难用简短的文字作全面的解说，在这里仅择取比较重要的几点作介绍：

1. 建立以仁为中心的思想学说，主张仁者爱人；己欲立而立人，己欲达而达人。此思想运用在个人方面，则每个人不仅要做到独善其身，更应该兼善天下。推广到整个人群，则期盼达到老者安之，朋友信之，少者怀之的境界，使大家都可以各得其所，从而形成一个祥和安乐的社会。

2. 注重礼乐教化，主张以礼来规范个人的行为，并且作为国家施政的准则；以乐来陶冶人的内心，进而在社会上形成和谐的风气。通过教化的方式，来感动人心，使大家都能深切了解人伦道德的重要，而确实践履，以培养出高尚完美的人格，充分显现人的价值和尊严。

3. 删述六经，系统地整理了丰富的民族文化遗产，不仅使中国的古代文献获得保存，而且还阐发其中的精神，寄寓了自己的理想，使民族的文化遗产具有更深广的内涵。

4. 有教无类，开创平民教育，把文化教育普及到广大的民间。在施教时又能各因其材而裁成之，教法生动活泼，重视培养学生的远大志向和高尚人格。因之，为后来教育工作者树立了良好的典范，被誉为"至圣先师"。

5. 因鲁史作《春秋》，又从事教育的工作，开启了中国私人著述讲学的风气。既创立了中国历史上第一个也是影响最大的学派——儒家学派，更促成了言论的自由，提振了学术思想的发展。

6. 培养许多民间的优秀之士，又带领他们周游列国，并且推荐给各诸侯，使各国国君深刻体认到向民间求才的必要性，打破了政治由贵族阶层垄断的情势，逐渐形成了布衣卿相的局面。

孔子年表

年　龄	纪　元	生　平
一岁	公元前551年，周灵王二十一年，鲁襄公二十二年	诞生于鲁国陬邑昌平乡（今山东省曲阜市城东南尼山附近）。
三岁	公元前549年，周灵王二十三年，鲁襄公二十四年	父叔梁纥卒，葬于鲁东防山，孔母颜徵在携孔子移居鲁都曲阜阙里。
六岁	公元前546年，周灵王二十六年，鲁襄公二十七年	在母亲颜徵在的教育下，自幼好礼，"为儿嬉戏，常陈俎豆，设礼容"，演习礼仪。
十五岁	公元前537年，周景王八年，鲁昭公五年	子曰："吾十有五而志于学。"
十七岁	公元前535年，周景王十年，鲁昭公七年	母颜徵在卒。
十九岁	公元前533年，周景王十二年，鲁昭公九年	娶宋人丌官氏为妻。
二十岁	公元前532年，周景王十三年，鲁昭公十年	仕鲁为委吏，子伯鱼生，因鲁君以鲤赐孔子，故以"鲤"为名。
二十一岁	公元前531年，周景王十四年，鲁昭公十一年	为乘田吏。
二十七岁	公元前525年，周景王二十年，鲁昭公十七年	学于郯子。
二十九岁	公元前523年，周景王二十二年，鲁昭公十九年	学琴于师襄。
三十岁	公元前522年，周景王二十三年，鲁昭公二十年	子曰："三十而立。"此时，孔子已在学业上奠定了坚实的基础，在此前后，开始创办民间教育，收徒讲学。
三十四岁	公元前518年，周敬王二年，鲁昭公二十四年	孟僖子将死，嘱其二子孟懿子与南宫敬叔向孔子学礼。
三十五岁	公元前517年，周敬王三年，鲁昭公二十五年	孔子因鲁乱适齐。
三十六岁	公元前516年，周敬王四年，鲁昭公二十六年	与齐太师语乐，听到《韶》乐，三月不知肉味，兴奋地说："不图为乐之至于斯也！"
三十七岁	公元前515年，周敬王五年，鲁昭公二十七年	齐大夫扬言欲害孔子，孔子自齐返鲁。
四十岁	公元前512年，周敬王八年，鲁昭公三十年	子曰："四十而不惑。"
四十七岁	公元前505年，周敬王十五年，鲁定公五年	阳虎馈孔子豚，劝孔子出仕，孔子坚持"无道则隐"的主张，退而修《诗》、《书》、《礼》、《乐》，以教弟子。
五十岁	公元前502年，周敬王十八年，鲁定公八年	子曰："五十而知天命。"公山不狃使人召孔子，孔子欲往，因子路反对而未成行。
五十一岁	公元前501年，周敬王十九年，鲁定公九年	任中都（今山东省汶上县）宰，卓有政绩，治理一年，四方则之。
五十二岁	公元前500年，周敬王二十年，鲁定公十年	由中都宰升司空，由司空升大司寇，摄相事。夏，鲁定公与齐景公会于夹谷（在今山东省莱芜市），齐欲劫持定公，孔子以礼乐斥之，齐君敬惧，遂定盟约，并将侵占的郓、欢、龟阴等地归还鲁国，以谢过。

五十三岁	公元前499年，周敬王二十一年，鲁定公十一年	为鲁大司寇，鲁国大治。
五十四岁	公元前498年，周敬王二十二年，鲁定公十二年	为鲁大司寇。子路为季氏宰，将堕（音huī，毁）三都，毁叔孙氏的郈（音hòu，今山东省东平县），毁季孙氏的费城（今山东省费县），孟孙氏的郕（音chéng，今山东省泗水县）被围，未克。
五十五岁	公元前497年，周敬王二十三年，鲁定公十三年	《论语·微子》："齐人归（馈）女乐，季桓子受之，三日不朝，孔子行。"《孟子·告子》下："孔子为鲁司寇，不用，从而祭，膰肉不至，不税冕而行（祭肉也没有送来，于是匆匆地离开。膰，音fán，祭肉。税冕，脱去礼帽。税，通"脱"，音tuō）。"孔子失望，遂去鲁适卫。孔子在卫国住了十个月，由卫适陈途中，路过匡地（在今河南省长垣县），匡人误认孔子为阳虎，围困了孔子，后经蒲（在今河南省长垣县）地，又被当地乡人所围，孔子与蒲人定盟，返回卫国。
五十九岁	公元前493年，周敬王二十七年，鲁哀公二年	《论语·卫灵公》："卫灵公问陈于孔子，孔子对曰：'俎豆之事，则尝闻之矣；军旅之事，未之学也。'明日遂行。"孔子去卫，经过曹国到宋国，在适宋的途中，宋司马桓魋欲害孔子，孔子无奈微服过宋，逃到郑国，郑国亦不留，又取道适陈。
六十三岁	公元前489年，周敬王三十一年，鲁哀公六年	是年吴伐陈，楚来救，陈国大乱，孔子离陈过蔡地去负函（楚地，今河南省信阳市），在陈、蔡之间被困。绝粮七日，弟子饥馁皆病，孔子依然讲诵弦歌不止，楚昭王欲重用孔子，使奉币来聘，将以书社七百里封孔子，由于楚令尹子西的阻拦，此议遂止。孔子适卫。
六十七岁	公元前485年，周敬王三十五年，鲁哀公十年	夫人丌官氏卒。
六十八岁	公元前484年，周敬王三十六年，鲁哀公十一年	1.春，齐师伐鲁，孔子弟子冉有为季氏将左师，与齐军战于鲁郊，克之，季康子问他怎学会作战的，冉有说，学于孔子，遂荐孔子于季氏，季康子派公华、公宾、公林以币迎孔子归鲁，孔子去鲁访问列国诸侯，颠沛流离凡十四年，至此才算结束。2.孔子返鲁后，季康子欲行"田赋"，问于孔子，遭到孔子反对，鲁终不用孔子，孔子亦不求仕，专心从事文献整理和教育事业，删《诗》、《书》，订《礼》、《乐》，修《春秋》，并且继续聚徒授业，史载："弟子盖三千焉，身通六艺者七十有二人。"
六十九岁	公元前483年，周敬王三十七年，鲁哀公十二年	1.《论语·子罕》："吾自卫反鲁，然后乐正，雅、颂各得其所。"2.子伯鱼卒。
七十岁	公元前482年，周敬王三十八年，鲁哀公十三年	子曰："七十而从心所欲，不逾矩。"孔子晚而好《易》，读《易》，韦编三绝。
七十一岁	公元前481年，周敬王三十九年，鲁哀公十四年	修订《春秋》，弟子颜回卒，孔子哭之恸，曰："噫！天丧予！天丧予！"齐国政变，孔子弟子宰我死于难。
七十二岁	公元前480年，周敬王四十年，鲁哀公十五年	卫国政变，孔子弟子子路死于难，孔子恸甚。
七十三岁	公元前479年，周敬王四十一年，鲁哀公十六年	夏四月己丑，卒，葬鲁城北泗水边。

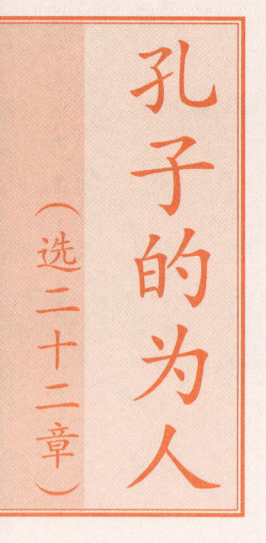

孔子的为人

（选二十二章）

引　言

孔子究竟是怎样的一个人？最好的方法就是从记载孔子言行的《论语》中来认识他，这样才能够真正了解孔子的精神面貌。

从《论语》的记载中，我们可以发现：孔子教学时，常会在很自然的气氛下，诱导学生抒发自己的抱负。孔子不敢以圣人、仁者自居，却能好学不倦、安贫乐道，尽量做好自己本分内的事情，并随时勉励自己达到更高的修养境界。他眼看世局纷乱，有心济助众人，但绝不肯违背道义的原则；虽然屡屡受到只求洁身自好的隐者嘲讽，可是从不消极，仍抱持进取的精神，努力推行正道。他在日常生活中，态度谦恭温和，言行平实得宜，待人亲切有情，对物取之有节。由于这些表现，所以能获得学生的推崇敬仰。

本单元所选录的篇章虽然不多，但已足以看出孔子为人的梗概。同学们如能善加体会，而且从中获得启示，将有裨于自己的身心涵养。

（一）

颜渊①、季路②侍③。子曰："盍④各言尔⑤志？"
子路曰："愿车、马、衣、轻裘⑥，与朋友共敝⑦之而无憾⑧。"颜渊曰："愿无伐善⑨，无施劳⑩。"子路曰："愿闻子之志！"子曰："老者安之⑪，朋友信之⑫，少者怀之⑬。"

——《公冶长》

章旨

孔子引导颜渊、子路各言其志；并在子路请教之下，抒发自己的抱负。

注释

①**颜渊：** 姓颜，名回，字子渊，鲁人，孔子弟子。敏而好学，闻一知十，不迁怒，不贰过，安贫乐道。

②**季路：** 姓仲，名由，字子路，一字季路，鲁人，孔子弟子。性率直，好勇力，有政才。

③**侍：** 站在旁边侍候。

④**盍：** 音hé，何不。

⑤**尔：** 汝，此处作"你们"讲。

⑥**轻裘：** 轻暖的皮衣。裘，皮衣。一说"轻"是后人加上去的。

⑦**敝：** 损坏。

⑧**憾：** 恨、遗憾。

⑨**伐善：** 夸耀自己的优点或才能。伐，夸耀。善，指优点、才能。

⑩**施劳：** 张扬自己的功劳。施，张扬。劳，功劳。

⑪**老者安之：** 使老年人得到安适的奉养。安，使之有安适的奉养；使动用法，下两句"信"、"怀"也是如此。

⑫**朋友信之：** 使朋友之间交往，能以诚信相对待。

⑬**少者怀之：** 使年轻者有心归向。

解读

本章记述孔子、颜渊、子路师生三人的志向。由于各人性情和学养的差异，所显示的心志趋向与人生理想，自然也有不同。

子路表现的是对朋友大方的器量；颜渊表现的是永不自满的涵养；孔子表现的是关怀世人、兼善天下的情操，直是世界大同的愿景。三者的表现，都是万物一体的情怀。

然而三者的胸襟气象却有不同：子路"求仁"的行为，是英雄豪杰的气象；颜渊"不违仁"的态度，是贤人的气象；孔子"安仁"的宏愿，是圣人的气象。

相关名言

◎自伐者无功，自矜者不长。　　　　　　　　——《道德经》

◎世界无穷愿无尽，海天寥廓立多时。　　　　　　——梁启超

◎一个人总得慷慨一点，才配受人感谢。　　　——【英国】哈代

子路、曾皙^①、冉有^②、公西华^③侍坐^④。子曰："以吾一日长乎尔^⑤，毋吾以也^⑥！居^⑦则曰：'不吾知也！'如或知尔，则何以哉^⑧？"

子路率尔^⑨而对曰："千乘之国^⑩，摄^⑪乎大国之间，加之以师旅^⑫，因之以饥馑^⑬，由也为之，比及^⑭三年，可使有勇，且知方^⑮也。"夫子哂^⑯之。

"求，尔何如？"对曰："方六七十^⑰，如^⑱五六十，求也为之，比及三年，可使足民^⑲；如^⑳其礼乐，以俟^㉑君子。"

"赤，尔何如？"对曰："非曰能之，愿学焉。宗庙之事^㉒，如会同^㉓、端章甫^㉔，愿为小相^㉕焉。"

"点，尔何如？"鼓瑟希^㉖，铿尔^㉗，舍瑟而作^㉘。对曰："异乎三子者之撰^㉙！"子曰："何伤乎^㉚？亦各言其志也。"曰："莫春^㉛者，春服既成；冠者^㉜五六人，童子六七人，浴乎沂^㉝，风乎舞雩^㉞，咏^㉟而归。"夫子喟然^㊱叹曰："吾与^㊲点也。"

三子者出，曾皙后。曾皙曰："夫^㊳三子者之言何如？"子曰："亦各言其志也已矣！"曰："夫子何哂由也？"曰："为国以礼，其言不让^㊴，是故哂之。""唯求则非邦也与^㊵？""安^㊶见方六七十，如五六十，而非邦也者？""唯赤则非邦也与？""宗庙会同，非诸侯而何？赤也为之小，孰能为之大^㊷？"　　——《先进》

章旨

孔子引导诸弟子言志，并表达了他的赞许之意。

上二章可见孔子既能对学生循循善诱，而其志向则在使天下人皆能各得其所，胸怀十分开阔，且极为注重生活情趣，并非一拘谨严肃之人。

注释

①**曾皙**：姓曾，名点，字皙，鲁人，与子参（音shēn）同为孔子弟子。胸怀洒落，深受孔子赞赏。

②**冉有**：姓冉，名求，字子有，鲁人，孔子弟子。性谦退，多才艺，擅政事。

③**公西华**：姓公西，名赤，字子华，亦称公西华，鲁人，孔子弟子。熟习礼仪，长于外交。

④**侍坐**：指陪坐在孔子旁边。

⑤**以吾一日长乎尔**：因为我年纪稍长于你们。以，因为。一日长乎尔，即"长乎尔一日"的意思。

⑥**毋吾以也**：即"毋以吾也"。承上句文意，指不必因为我年长而不好意思说出来。与下文"不知吾"皆为否定句代词宾语前置。

⑦**居**：平日。

⑧**则何以哉**：即"则以何哉"。那么（你们）用什么来表现呢？以，用。

⑨**率尔**：轻率的样子，此处有抢先之意。尔，语末助词。

⑩**千乘之国**：拥有千辆兵车的国家。春秋时代后期，千乘为小国，万乘为大国。乘，音shèng，古代计算兵车的量词，一辆兵车用四匹马牵引，称为一乘。

⑪**摄**：夹处。

⑫**加之以师旅**：指受到外敌的侵凌。加，施加。之，指千乘之国。师旅，军队，此指侵伐之事。

⑬**因之以饥馑**：指接连闹饥荒。因，仍、接连。谷不熟曰饥，菜不熟曰馑。

⑭**比及**：及至、等到。比、及二字同义。比，音bì。

⑮**知方**：知晓礼义。方，此处指礼义。

⑯**哂**：音shěn，微笑。

⑰**方六七十**：指每边长六七十里的小国。方，古代计算面积的用语，如纵横各百里，称方百里。

⑱**如**：或者。下文"如会同"之"如"字亦同此意。

⑲**足民**：使人民生活富足。

⑳**如**：至于。

㉑**以俟**：就等待。以，则、就。俟，音sì，等待。

㉒**宗庙之事**：指祭祀。

㉓**会同**：诸侯相会见或诸侯朝见天子等事。

㉔**端章甫**：穿着礼服，戴着礼帽。端，玄端，一种礼服。章甫，玄冠，一种礼冠。这里都作动词用。

㉕**小相**：地位较低的赞礼之人。相，音xiàng。

㉖**鼓瑟希**：指弹瑟声渐渐稀疏，接近尾声。鼓，弹奏，作动词用。希，通"稀"，稀疏。

㉗**铿尔**：状声词。形容乐器或金石相击所发出的响亮声音。铿，音kēng。

㉘**舍瑟而作**：停止弹奏瑟而起立。舍，置、放下，这里指停止弹奏。作，起立。

㉙**撰**：具，指所具的志愿。

㉚**何伤乎**：有什么妨害呢？

㉛**莫春**：即暮春，农历三月。莫，音mù，"暮"的本字。

㉜**冠者**：指成年的人。古代男子二十岁行加冠礼，表示成人。冠，音guàn。

㉝**浴乎沂**：到沂水边洗浴一番。沂，音yí，水名，源出山东省邹城市东北，西流经曲阜市，合洙水，入于泗水。

㉞**风乎舞雩**：在舞雩之下吹风乘凉。风，音fèng，此作动词用，吹风乘凉。舞雩，祭天祷雨的场所。古时求雨，必使童男女舞蹈，故称舞雩。舞雩之处，多种树木，可以纳凉。雩，音yú。

㉟**咏**：歌咏。

㊱**喟然**：叹息的样子。喟，音kuì。

㊲**与**：赞同，此处有称许之意。

㊳**夫**：音fú，彼、那。

㊴**让**：谦让。

㊵**唯求则非邦也与**：冉求所说的就不是治理国家的事吗？唯，语首助词，无义。与，通"欤"，吗。

㊶**安**：何、怎么。

㊷**赤也为之小孰能为之大**：赤只能做小相，谁又能做大相呢？

解读

　　上章之"各言志"，乃就人生的理想、为人的态度而言；本章之"各言志"，乃就志于仕进，如何从政来说。这一章里，记载着孔门师生之间，一番亲切融和的景象。孔子的循循善诱，弟子的性情、抱负，无不跃然纸上，鲜明突出。

　　子路想当军事家，冉有想当政治家，公西华想成为外交家，以发展抱负，造福人群，而曾点所要求的是一种自在和乐的生活情调，悦性适情，悠然自在。意趣襟怀，各有不同。

　　子路、冉有、公西华都表现了积极进取的精神，然而孔子何以独有"吾与点也"的感叹？或许这正表现出孔子对老安、友信、少怀清平之世的渴望。

相关名言

◎猛志逸四海，骞翮思远翥。

　　　　　　　　　　　　　——【东晋】陶渊明《杂诗·忆我少壮时》

◎让自己的内心藏着一条巨龙，既是一种苦刑，也是一种乐趣。

　　　　　　　　　　　　　　　　　　　　　　——【法国】雨果

◎一个真正有志向的人，从来用不着在谈话中希望对方说到他、赞美他。

　　　　　　　　　　　　　　　　　　　——【美国】爱默生

（三）

子曰："德之不脩①，学之不讲②，闻义不能徙③，不善不能改，是吾忧也。"
——《述而》

章旨

孔子自述以不能进德修业、徙义改过为忧，借此以勉人。

注释

①**脩**：通"修"，治、修养。

②**讲**：讲习、研习。

③**徙**：音xǐ，迁从。

解读

生活中难免都会有忧虑的事情，或忧功课不好，或忧工作不顺，或忧不能发财，或忧生活不能改善等等，可谓不胜其忧。不过，从其所忧之事，就可知其志趣所在。

本章记述孔子所忧的事情，在于道德不能修养、学问不能讲习、义之所在不能相从、行为不善不能悔悟改正。可见孔子所忧不在于欲望的满足，而在于德业是否精进。

朱熹《论语集注》引尹焞之言说："德必脩而后成，学必讲而后明，见善能徙，改过不吝；此四者，日新之要也。"此一阐述，告诉我们：要使道德的修养与时俱进，可从此四点入手。

相关名言

◎迁善当如风之速，改过当如雷之决。

——【明】王廷相《慎言·小宗》

◎人不能像走兽那样活着，应该追求知识和美德。

——【意大利】但丁

（四）

子曰："若圣与仁，则吾岂敢！抑①为之②不厌③，诲人不倦④，则⑤可谓云尔已矣⑥！"公西华曰："正唯⑦弟子不能学也！"

——《述而》

章旨

孔子虽谦辞圣、仁之名，却自谓具有学不厌、教不倦的精神。

注释

①抑：转折连词，与白话的"但是"、"可是"相当。

②为之：指努力去学做圣人、仁人。为，当"学"字讲。

③厌：通"餍"，饱，引申作"满足"或"厌烦"讲。

④诲人不倦：教导人学习，从来不会倦怠。诲，教导。倦，作"疲劳"、"懈怠"解。

⑤则：就。

⑥云尔已矣：皆句末语气助词，相当于白话的"罢了"。"云尔"下又加"已矣"，连用两个语助词，目的在拖长音节，使语气舒缓有致。

⑦唯：是。

解读

仁是道德的最高境界，圣是至高无上的人格。时人见孔子学问渊博，道德崇高，总以为他是圣人、仁者。这是孔子为什么要说"若圣与仁，则吾岂敢"的缘由。

说自己只是"为之不厌，诲人不倦"，而不敢以"圣与仁"自居，是孔子的谦虚，也是他笃实之处。然而这种好学的精神与教育的热忱，却已是别人所不能企及。所以公西华说："正唯弟子不能学也。"

"为之不厌"则日新又新，生命不断地充实；"诲人不倦"则承先启后，薪火永传。孔子之受人尊敬与其嘉惠后人的地方就在这里。

相关名言

◎人生最美好的主旨和人类生活最幸福的结果，莫过于学习了。

——【法国】巴尔扎克

◎教师总是真正上帝的代言者，真正天国的引路人。

——【美国】杜威

（五）

子曰："君子道①者三，我无能焉：仁者不忧，知者不惑，勇者不惧②。"子贡③曰："夫子自道④也！"

——《宪问》

章旨

孔子自谦未能达到君子所由成德的三种境界：仁者不忧、知者不惑、勇者不惧。

上三章皆孔子谦虚表示自己之所愿而不能及者。

注释

①**道**：道理。

②**仁者不忧，知者不惑，勇者不惧**：仁者凡事依理而行，心无愧疚，故不忧愁；智者能明察事理，故不疑惑；勇者坚毅果敢，故不恐惧。知，音zhì，通"智"。

③**子贡**：姓端木，名赐，字子贡，卫人，孔子弟子。经商致富，长于外交。

④**自道**：自我表白，在此有自谦之意。道，言。

解读

智、仁、勇三者，古人谓之"三达德"，是人类心理——知、情、意三部分圆满发达的状态，也是人类道德的重要原则。孔子说自己未能做到，由此亦可见其实践之不易。

仁者怎会不忧呢？智者怎会不惑呢？勇者怎会不惧呢？因为仁者大公无私，乐天知命，故能不忧；智者有专业的学识，有足够的判断力，故能不惑；勇者意志坚强，理直气壮，故能不惧。子贡深知夫子之德高、道深，已充分具备有君子借以成德的智、仁、勇，所以盛赞说："夫子自道也。"

相关名言

◎君子乐天知命，故不忧；审物明辨，故不惑；定心致公，故不惧。

——【东汉】荀悦《申鉴·杂言下》

◎智贵乎早决，勇贵乎必为。早决者无后悔，必为者无弃功。

——【北宋】苏轼《代侯公说项羽辞》

（六）

子曰："饭疏食①，饮水，曲肱而枕之②，乐亦在其中矣！不义而富且贵，于我如浮云③。" ——《述而》

章旨

孔子表明自己安贫乐道的精神。

注释

①**饭疏食**：吃粗糙的饭。饭，作动词用，吃饭。疏食，粗饭。食，音sì，饭 。

②**曲肱而枕之**：弯着手臂当枕头睡。肱，音gōng，手臂的第二节，自肘至腕。枕，音zhèn，作动词用。

③**不义而富且贵，于我如浮云**：不合道义图得的富贵，对于我好像天上的浮云一般。表明无所动心。

解读

从孔子这章自我描述中，可知他对生活的要求很简单，对于不义的富贵，根本就不放在心上。

一个人要活下去并不难，但要活得快乐就不容易了。有人华屋美车、锦衣玉食，物质的享受应有尽有，却活得不自在，终日紧张忧愁。然而，孔子及颜回在困乏的环境里，却"乐在其中"、"不改其乐"，原因何在？因为他们没有把物质的享受，当成人生的乐趣。他们认为求知、修德、理想的实现，才是人生的最高价值。

阅读本章，可以让我们知道：什么才是真正的快乐，在简单的生活里也可找到快乐的泉源。

相关名言

◎靠可耻的职业获得的财富，显然带着不名誉的烙印。

——【古希腊】德谟克利特

（七）

叶公^①问孔子于子路，子路不对^②。子曰："女奚^③不曰：'其为人也，发愤^④忘食，乐以忘忧，不知老之将至云尔！'"

——《述而》

章旨

孔子自述研究学问的态度与乐趣。

注释

①**叶公**：楚国叶县（今河南省叶县）尹（音yǐn，官名），姓沈，名诸梁，字子高，僭（音jiàn，超越本分；假冒名义）号称公。叶，音shè。

②**不对**：不回答。

③**女奚**：你为什么……女，通"汝"，音rǔ，你。奚，何、为什么。

④**发愤**：自觉不满足而奋力为之。愤，心求通而未得。

解读

叶公沈诸梁向子路问孔子的为人，子路没有回答。孔子认为他人对自己的认识，不如自我的了解更真切，所以干脆自我介绍，教导子路以后如何答覆。

孔子自述其"为人"，其实，自述的是其为学的精神与为学的快乐。其为学的精神是发愤，发愤则可以忘食；为学的快乐则可以忘忧，甚至于不知老之将至。由于学无止境，所以发愤与快乐永无止境。如此，则无日不发愤，亦无日不快乐。生命之树，也就永远长青。

寥寥二十字，把孔子乐观进取、自强不息的精神，亲切生动地展现出来。

相关名言

◎读书能给人乐趣、文雅和能力。

——【英国】培根

◎努力学习直到生命最后一刻，是件美好的事。

——【法国】卢梭

（八）

子曰："莫我知①也夫②！"子贡曰："何为③其莫知子也？"子曰："不怨天，不尤人④；下学而上达⑤。知我者，其⑥天乎！"

——《宪问》

章旨

孔子慨叹世人不能真切了解他，因而告诉子贡，谓自己虽不见用于世而不怨天，虽不为人所了解而不尤人，但知下学上达，反己自修而已。

上三章皆孔子自述其性情与学养。

注释

①**莫我知**：即"莫知我"，无人能真切了解我。莫，没有人。

②**也夫**：句末语气词。夫，表感叹语气。

③**何为**：为什么。

④**不怨天，不尤人**：指虽不见用于世，但并不埋怨上天；虽不被他人所了解，但并不责怪他人。怨，埋怨。尤，责怪。

⑤**下学而上达**：下学人事，上达天理。

⑥**其**：恐怕、大概。

解读

根据《史记·孔子世家》的记载，这是孔子临死前两年的话语。

孔子奔波一生，满怀的理想与心愿，都无法得到各国执政者接受而付诸实现，难免失望落寞而有所感叹。于是借子贡的请教，向他说明自己"不怨不尤"的修养境界，以及"下学上达"的学问功夫。

孔子深知人生的际遇有穷有通，有幸有不幸，因之，道之不行于世而不埋怨上天，不被人了解也不责怪他人。仍然秉持"下学人事，上达天理"的反身自求功夫，以期无愧于天。

相关名言

◎自知者不怨人，知命者不怨天。怨人者穷，怨天者无志。

——《荀子·荣辱》

◎反己者，触事皆成药石；尤人者，动念即是戈矛。

——【明】洪应明《菜根谭》

（九）

子曰："甚矣，吾衰也！久矣，吾不复梦见周公①！"

——《述而》

章旨

孔子感叹其道不得行，而人已衰老。

注释

①**不复梦见周公**：孔子年轻时，志欲行周公之道，故常梦见周公。及其老而不能行，则不再有此梦。周公，姓姬，名旦，周文王子，相武王伐纣，武王崩，佐成王摄政，订颁礼乐制度，天下大治。

解读

这是孔子晚年有感于"志未遂，道不行"所抒发的慨叹。

孔子平生对周朝初年灿烂的礼仪制度，非常向往，并以之为其政治思想的起点。因为周朝初年这种颇具人文内涵的政治规模、礼乐制度，大多是周公所奠定的，所以他常常想着周公，梦着周公，希望此一文化能够得到沿袭。

梦是人类潜意识的活动，日有所思，每每夜有所梦。"不复梦见周公"表示已知恢复旧礼制的不可能，也表示着志在身衰，年老而力不足。总之，它透露着孔子对理想政治不能实现的失望。

后人以"梦见周公"为睡觉的代称，典故出于此，但不是它的本义。

相关名言

◎人生不可无梦，世界上做大事业的人，都是由梦而来；无梦则无望，无望则无成，生活也就没有生趣。

——林语堂

◎梦是一种完全合理的精神现象，实际上是一种愿望的满足。

——【奥地利】弗洛伊德

（十）

子贡曰：“有美玉于斯①，韫椟②而藏诸③？求善贾④而沽⑤诸？”子曰：“沽之哉！沽之哉！我待贾者也！”

——《子罕》

章旨

孔子怀有才德，期待明主礼遇重用。

注释

①斯：此、这里。

②韫椟：收藏于柜中，比喻怀才不用。韫，音yùn，收藏。椟，音dú，柜子。

③诸：“之乎”二字的合音。

④善贾：好价钱，比喻君王的礼遇。贾，音jià，通“价”。

⑤沽：音gū，卖、出售。

解读

君子处世，不是隐居以独善其身，就是出仕以兼善天下。孔子一生以救世为职志，当然希望出仕以实现其理想。但有机会出仕时，却又不肯求人，门人因此感到困惑。因此，子贡以借喻的方法想了解孔子出处进退的原则。

此处子贡以“美玉”比喻孔子的才德，以“韫椟而藏”比喻君子之避世退隐，以“求善贾而沽”比喻君子之入世行道，暗示孔子当入世行道。孔子心知其意，表明自己确实有意出仕，但必须等待识货而肯出高价的人。意谓他虽期待明主之礼遇重用，但绝不枉道以从人。

这一段对话，颇有诗的情趣，也有人生的理想与原则，更可看出孔门师生之间的默契。

相关名言

◎君子藏器于身，待时而动。

——《周易·系辞下》

（十一）

子路宿于石门①。晨门②曰："奚自③？"子路曰："自孔氏。"曰："是知其不可而为之者④与？"

——《宪问》

章旨

记隐者晨门之言，显现圣人视天下事无不可为的积极精神。

注释

①石门：地名。为鲁城外门。

②晨门：掌理早晚启闭城门的人。子路在这里遇上的，可能是一位隐者。

③奚自：从何而来？

④知其不可而为之者：明知做不到，却偏要去做的人。

解读

从这段简短的记载中，可以知道：第一，守门的人非比寻常，可能是个隐者。第二，子路只答一句："自孔氏。"对方就晓得指的是孔子，可见孔子当时已很有名。第三，"知其不可而为之"是孔子积极救世的精神表现。

晨门之言似乎隐含讽刺的意味，然却精要地点出：孔子是一个忧国忧民，追求理想，向不可能挑战的人。

孔子"知其不可而为之"的精神，耶稣之牺牲自己以为世人赎罪，地藏王菩萨之"我不入地狱，谁入地狱"，都是中外圣哲悲天悯人的宏愿。

相关名言

◎亦余心之所善兮，虽九死其犹未悔。

——《离骚》

◎正其谊不谋其利，明其道不计其功。

——《汉书·董仲舒传》

（十二）

长沮、桀溺①耦而耕②。孔子过之，使子路问津③焉。长沮曰："夫执舆者④为谁？"子路曰："为孔丘。"曰："是鲁孔丘与？"曰："是也。"曰："是知津矣⑤！"问于桀溺，桀溺曰："子为谁？"曰："为仲由。"曰："是鲁孔丘之徒与？"对曰："然。"曰："滔滔⑥者，天下皆是也，而谁以易之⑦？且而⑧与其⑨从辟人之士⑩也，岂若从辟世之士⑪哉？"耰而不辍⑫。子路行以告⑬，夫子怃然⑭曰："鸟兽不可与同群！吾非斯人之徒与而谁与⑮？天下有道，丘不与易也⑯。"

——《微子》

章旨

记孔子周游天下，被隐者所嘲笑，而夫子则对隐者的消极避世不以为然。

上四章皆孔子表达其用世的心愿。可见孔子志在修己以治人，虽有意于用世，但绝不违弃道义的原则。

注释

①**长沮、桀溺**：楚国两位隐者，可能是假托的姓名。沮，音jū。

②**耦而耕**：用耦耕的方法来耕田。耦耕，古代耕田的一种方法，两人各执一耜，左右并进，前面用牛牵引。耦，音ǒu。

③**问津**：问渡口在哪里。津，渡口。下文"知津"有讥讽的意味，谓孔子周游列国，自然知道渡口所在。

④**执舆者**：在车上手执缰绳的人。本来是子路执缰绳驾车，因下车问津，故由孔子代执。舆，音yú，车子，在此指缰绳。

⑤三个"是"都是代词，这个人。

⑥**滔滔**：大水横流的样子，此比喻时局的纷乱。

⑦**谁以易之**：凭谁的力量来改变此种局势。以，介词，表凭借。易，改变。

⑧**而**：汝、你。

⑨**与其**：选择连词，常与"宁"、"毋宁"、"岂若"、"不如"、"孰若"等相呼应，表示舍弃前者，选取后者。

⑩**辟人之士**：在此指孔子。辟，通"避"，音bì。人，指当时的昏君污吏，孔子不与他们同流合污，故以"辟人之士"称之。

⑪**辟世之士**：隐居遁世的人，桀溺自谓。

⑫**耰而不辍**：继续覆盖种子而不停止（也不告以渡口所在）。耰，音yōu，以土覆盖种子。辍，音chuò，停止。

⑬**子路行以告**：指子路只好走开，把和长沮、桀溺对话的情形告诉孔子。说"行"字是后人加上去的。

⑭**怃然**：犹怅然，失意的样子。怃，音wǔ。

⑮**吾非斯人之徒与而谁与**：我如不与世人共同生活，那么要跟谁共同生活呢？斯人，这些人，指世人。此句把"斯人之徒"、"谁"分别提到动词"与"的前面。与，当"跟……在一起"讲。

⑯**天下有道，丘不与易也**：天下如果太平，我孔丘就不必和谁来改变此种局势了。

解读

本章记长沮、桀溺讽刺孔子不能隐居避世，孔子怅然感叹有人不能了解自己积极入世、从事改革的举动。

儒者与隐者之用心、行事是不同的。前者是知其不可而为，后者是知其不可而不为。避人之士是"以天下为己任"，但"危邦不入，乱邦不居"，有所为有所不为；避世之士是隐居遁世，与草木鸟兽同群，逍遥自我。

面对着"滔滔者，天下皆是也"，所谓"天下乌鸦一般黑"的社会，您将采取什么样的态度呢？是仕或隐？不过，这恐怕也不是一时所能作决定的。要不然，仕与隐的抉择或困境，也不会成为春秋以来，中国知识分子共同面对的一大难题。

相关名言

◎谁都不是一座岛屿，自成一体；每个人都是广袤大陆的一部分。

——【英国】约翰·堂恩

◎拯救不幸者，造福社会，具有这种社会自觉性的人，才是名副其实的现代人。

——【日本】池田大作

（十三）

子之燕居^①，申申如^②也，夭夭如^③也。

——《述而》

章旨

记孔子闲居时的安详恬适。

注释

①**燕居**：闲居，指在家闲暇无事的时候。

②**申申如**：容态舒适自得的样子。如，然，表示状况或情态的词尾。

③**夭夭如**：神色温和愉快的样子。

解读

文明的社会，很多人都善于伪装自己。在公共的场合，仪态端庄，斯文客气，而回到私室，或没有人注意的场所，则粗鄙放浪，贪婪暴戾，甚至于衣冠禽兽，龌龊不堪。

《论语·乡党》篇说孔子在乡党时，容貌温和谦顺，在宗庙朝廷，态度谨慎而明辩、健谈。此处言孔子闲居在家，容态舒展，神色愉悦。可见他是个真诚笃实、表里如一的人。也意味着其人心安理得，活得自在。

相关名言

◎化妆有助气色，无助气质。

——三毛

◎容貌是我们欲说而未说出的一切话语的摘要，是我们的思考和企图的组合文字。

——【德国】叔本华

（十四）

子温而厉①，威而不猛，恭而安②。——《述而》

章旨

记孔子的容态中和，庄敬自然。

注释

①**厉**：严肃。

②**恭而安**：恭谨但安详自然。

解读

本章谈的是一个人的气质问题。温和、威严、恭谨是与人相处应有的容貌态度，但是，温和的人往往流于懦弱，威严的人往往过于刚猛，恭谨的人往往失之矜持。孔子却能柔中带刚，刚中带柔，谦虚而不矫情。无偏无颇，恰到好处。本章与"子之燕居，申申如也，夭夭如也"所记载的一样，都是孔子盛德的表露，强调的是中和自然的态度，亦即今日所谓善于掌握分寸，整个中国文化最讲究的正是这份分寸感。

相关名言

◎过度的严厉会造成恐惧，过分的温和会有失威严。不要严厉得使人憎恶，也不要温和得使人胆大妄为。

——【波斯】萨迪

◎举止要合度，先得一切圆熟自然，正如同技艺高超的音乐家一样，指端所触，无不成调，不必用心，也不必思索。

——【英国】洛克

（十五）

子绝①四：毋意②，毋必③，毋固④，毋我⑤。

——《子罕》

章旨

记孔子所戒除的四种事情。

上三章记孔子的举止容态及待人处事所秉持的原则。

注释

①**绝**：绝去、戒除。

②**毋意**：不随便猜测。毋，禁止之词，作"不要"讲。意，通"臆"，测度。

③**必**：武断。

④**固**：固执。

⑤**我**：指一切以我为中心。

解读

本章记孔子为学做人求真求实的客观精神，亦可见出孔子开放的心灵。首句"子绝四"是提纲，后四句是分叙所绝之事。

"毋意"，就是对于所怀疑的知识或不了解的事情，姑且存疑，不妄加臆测；"毋必"，就是一切以义为依归，不要主观地肯定，也不要主观地否定，即不主观武断；"毋固"，就是不要有先入为主的成见，也不要有不顾事实的偏见，凡事通权达变；"毋我"，就是不以自我为中心，不以自己的得失利害为准绳。

"意"、"必"、"固"、"我"是人之通病，也是人际关系的障碍。只有开放的心灵，才能免除此病，孔子的表现，是值得我们学习的。

相关名言

◎偏生迷，迷生执，执而为我，不复知有人。

——《明史·邹元标传》

◎在一只螃蟹看来，一个朝前行走的人要多蠢就有多蠢。

——【德国】利希滕贝格

◎自私自利的动机使得人类的心灵产生偏见，变得野蛮，以至堕落腐化。

——【英国】雪莱

（十六）

子不语①：怪、力、乱、神。 ——《述而》

章旨

记孔子不谈论怪异、勇力、悖乱、鬼神之事。

注释

①语：谈论。

解读

孔子所以不谈"怪、力、乱、神"，原因在于：怪异、鬼神之事，难以明白，无可谈论；勇力、暴乱之事，并非美事，不值得谈。

人之所以喜言"怪、力、乱、神"，"无知"是一个重要的原因。无知不只是缺少知识，有时是种观念的偏执，企图以自己所知去涵盖解释一切，进而抗拒真正的知识。当我们被填进五颜六色的"似真知识"时，其受害远甚于真正的无知（缺少知识）。

子不语"怪、力、乱、神"，其用意当在避免造成偏执的无知。

相关名言

◎智慧意谓着对神和人内在的一切，以及万事万物背后的原因的认识。

——【古罗马】西塞罗

◎只有在智力薄弱和懒惰无知的人身上，迷信才是根深蒂固的。

——【法国】霍尔巴赫

（十七）

季路问事鬼神。子曰："未能事人，焉能事鬼①？"
"敢问②死？"曰："未知生，焉知死③？" ——《先进》

章旨

记孔子不谈论鬼神、死后等渺茫不可知的事情。

上二章记孔子言行平实，所注重者为人伦教化、民生日用。

注释

①**事鬼**：指祭祀鬼神。

②**敢问**：犹言"请问"。敢，表示谦虚，有冒昧之意。

③**未知生，焉知死**：不知生时的道理，如何晓得死后的情形。

解读

孔子之教，期许人于伦常日用中践仁尽性，而不空谈玄理，妄说鬼神。本章孔子对鬼神死亡之事既没有积极的肯定，也没有明白的否定，只强调人唯有将精神从幽冥不可知处拉回来，本有的道德理性才会发挥作用，才会正视生命，才会体现人人本有的无限价值。

西方哲学家海德格尔说："人是走向死亡的存有。"泰戈尔说："死亡的印记，给生命的钱币以价值，使它能够用生命去购买那真正的宝物。"走向死亡是必然的结果，但存有的过程正是我们呈现生命无限意义与价值的凭借，岂能不珍惜、不正视？

相关名言

◎死生，天理之常，畏者不可以苟免，贪者不可以苟得。

——【北宋】欧阳修《唐华阳颂》

◎不论什么神都是人类恐惧心的产物。

——【意大利】乔万尼奥里

（十八）

子与人歌而善[①]，必使反之[②]，而后和之[③]。

——《述而》

章旨

记孔子乐取人之善，见其与人相处，态度亲切。

注释

①**与人歌而善**：和别人唱歌，听到别人唱得好。善，好。

②**必使反之**：一定请他再唱一遍。反，复。之，指唱歌。

③**而后和之**：然后也跟着唱和。和，音hè，唱和。

解读

　　孔子一生都非常喜爱音乐，曾向师襄学过琴，又和苌弘研讨过音乐，与鲁国乐师谈论乐理，见解精辟。从本章记载中，可以了解孔子喜爱音乐、待人亲切的情形，更重要的是乐取人之善、与人为善的美德。

　　在日常生活中，吾人若能去除一己之成见蔽障，平心去体知他人的性情，尝试以他人的方式为通路，进入其内心世界，如此，凡遇一人，皆能成全之而肯定其价值，此即"与人为善"的精神。

相关名言

◎君子莫大乎与人为善。

——《孟子·公孙丑上》

◎有一种称赞是助人成善的，这就是所谓的"鼓励性的称赞"。

——【英国】培根

（十九）

子食于有丧者之侧，未尝①饱也。子于是日哭②，则不歌。

——《述而》

章旨

记孔子吊丧尽哀所表现的至情。

上二章记孔子与人相处，态度亲切自然，且经常流露其恻隐之心。

注释

①**未尝**：不曾、没有。

②**哭**：指吊丧哭泣。

解读

圣贤常于日常生活中自然流露恻隐之心，虽是小事，却足以见其存心。

家有丧事者，定有哀伤的哭声或忧戚的面容。孔子前往吊丧，由于一片恻隐之心，虽食而不饱，这是至情至性的表现。至于"是日哭，则不歌"，歌唱是心情愉悦的显现，吊丧哭泣则是哀伤的表征。哀乐都是感情的表达，圣人求其中节而已，然乐可以骤哀，哀却无法骤乐，故不能歌。不歌，正表现孔子临丧而哀的真情。

相关名言

◎同情是一种爱，此种爱使人对他人的幸福感到快乐，对他人的不幸感到痛苦。

——【荷兰】斯宾诺莎

◎透过同情去理解并且经验别人的痛苦，自己也会内心丰富。

——【奥地利】茨威格

厩^①焚。子退朝，曰："伤人乎？"不问马^②。

——《乡党》

章旨

记孔子对人与动物的关怀有等差。

注释

①**厩：**音jiù，马棚。

②**伤人乎？不问马：**问起是否有人受伤，而没有问到马的情形。

解读

孔子所倡导的学说，以"人"为其主要对象。孟子顺此基础，进而提出"亲亲而仁民，仁民而爱物"的主张，但在爱物之前，须先亲爱父母，然后仁爱众人，再去护爱万物。

在古代，马为骑乘与兵战所必需，所以，古人对马十分重视，马房失火是件严重的事。孔子在自家马房失火时，问人不问马，并非不关心马，而是相较之下，人终究比物来得重要。孔子的思想以仁为中心，仁的境界是无限的，然而仁的施予则有等差。这种以人为本的思想，使仁道的实践合乎人情而切实可行。

> **相关名言**
>
> ◎君子爱人以及物，治近以及远。
>
> ——【西汉】桓宽《盐铁论·刑德》
>
> ◎所有形式的爱常常包含着共同的基本要素：关心、合理、尊重和了解。
>
> ——【美国】弗洛姆

（二十一）

子钓而不纲①，弋②不射宿③。　　——《述而》

章旨

记孔子取物有所节制，以见仁者的存心。

上二章记孔子的恻隐心不仅对人，而且及于禽兽，然亦有其先后，由仁民推而及于爱物，充分显现其蔼然仁者的胸怀。

注释

①纲：渔网上端的大绳。在此作动词用，指用大绳连接渔网，横绝水流，在其上用生丝排列很多吊钩捕鱼。

②弋：音yì，以生丝系箭而射。

③宿：指夜晚栖息于树上的鸟。

解读

大抵而言，人对于外在事物，有必得尽取之意，就会产生种种机巧之心，在手段上一定无所不用其极。孔子少贫贱，为了生活与祭祀所需，不得已而弋钓。然尽物取之，出其不意，孔子还是不为的，由此可见仁者的本心。待物如此，待人可知；小者如此，大者可知。古人所谓"为鼠常留饭，怜蛾不点灯"，"劝君莫打三春鸟，子在巢中望母归"，皆属相同的情怀。

此章所讲固然在于"取物有节"，然不妄杀、不滥捕，虽属理性行为，其实也兼具仁爱之心。

相关名言

◎万峰围绕一峰深，向此长修苦行心。自扫雪中归鹿迹，天明恐被猎人寻。

——【唐】陆龟蒙《头陀僧》

◎一切真纯的爱都是同情，而任何不是同情的爱都是自顾之私。

——【德国】叔本华

（二十二）

颜渊喟然叹曰："仰之弥高①，钻之弥坚②，瞻之在前，忽焉在后③；夫子循循然④善诱⑤人：博我以文⑥，约我以礼⑦，欲罢不能⑧。既竭吾才，如有所立卓尔⑨，虽欲从之，末由也已⑩！"

——《子罕》

章旨

颜渊赞叹孔子之道博大高深，以及孔子的循循善诱。

本章为孔门弟子对孔子的赞颂之语。孔子人格的崇高伟大，由此可见。

注释

①仰之弥高：愈仰望愈觉得高不可及，用以赞叹孔子之道崇高伟大。仰，抬头向上看。之，指孔子之道。弥，音mí，愈、更。

②钻之弥坚：愈钻研愈觉得坚实，用以赞叹孔子之道广博深厚。钻，音zuān，钻研。

③瞻之在前，忽焉在后：眼看就在前面，忽然又跑到后面，用以赞叹孔子之道广大微妙。瞻，视。忽焉，忽然。

④循循然：循序渐进的样子。

⑤诱：引导。

⑥博我以文：以文章典籍增广我的知识。

⑦约我以礼：以礼仪法度规范我的行为。

⑧欲罢不能：想要停止却不能够。罢，停止。

⑨如有所立卓尔：好像挺立在眼前，却又高远而不可及。卓尔，犹"卓然"，高远特立的样子。

⑩末由也已：无法跟上。末，无。也已，也矣。句末语气词，两者连用乃在加强赞叹的意味。

039

解读

本章乃颜渊有得于圣道而深赞之语，由此可见孔子之善教与颜渊之善学。"博文"重在求知，是学问的基础；"约礼"重在力行，是道德旨归。得于知而现于行，使学问与生活合一，这才是有本有用之学，才能使学者产生"欲罢不能"的浓厚兴趣。

孔子之善教，在于以自身无比之精诚，无限光辉之德慧人格来感召颜渊，引发其竭力求学明道而不肯休止。颜渊之善学，在于自觉开启自身之生命真诚来契接孔子之教训，竭尽所能以奋进，使生命愈发精纯。孔门师生互以生命之真诚相感通，于此见之。

相关名言

◎善学者，师逸而功倍，又从而庸之；不善学者，师勤而功半，又从而怨之。

——《礼记·学记》

◎善教者跟自己的教育对象的每一次接触都能激发他们心灵的热情。

——【苏联】苏霍姆林斯基

问题与讨论

一、 从本单元所选第一、二章当中，可以看出孔子的志愿是什么？请指出来。

二、 在孔子的各弟子当中，你最欣赏哪一个人的志愿？请说出理由。

三、 孔子与隐者的不同之处在哪里？请指出来。

四、 从孔子的"钓而不纲，弋不射宿"，我们可以获得什么启示？

五、 你过去对孔子的印象如何？读了本单元所选各章以后，请说出有什么新的看法？

烛照深山

—— 扎根"悬崖小学"18年的支教夫妻李桂林、陆建芬

在最崎岖的山路上点燃知识的火把，在最寂寞的悬崖边拉起孩子们求学的小手，18年的清贫、坚守和操劳，沉淀为精神的沃土，让希望发芽。

李桂林，男，42岁，彝族村寨甘洛县乌史大桥乡二坪村教师。陆建芬，女，41岁，彝族村寨甘洛县乌史大桥乡二坪村代课教师。甘洛县乌史大桥乡二坪村，是凉山北部峡谷绝壁上的彝寨，被当地人称为"只有猴子才爬得上去"的大山沟，村民一年难得下绝壁一次。二坪村小学，又被称为"悬崖小学"，建在海拔2800多米山顶的一块平地上。住在悬崖下的山腰上的学生，要爬5道极其危险的天梯上学。就是在如此艰险的环境下，从汉族地区来的李桂林、陆建芬夫妻扎根这里18年，把知识的种子播种在彝寨，为村民走出彝寨架起"云梯"。

1990年，乡党委和政府下决心恢复二坪村小学，可上下山异常危险，工资却只有100元，没有人愿意干。为恢复学校，乡上和村干部找到了彝族青年李桂林。李桂林当初根本没想到二坪村的自然条件是如此的艰苦。当他看见人们光着脚披着羊皮，衣衫破烂，七八岁的孩子都光着屁股时，李桂林止不住泪流满面。从二坪村回来后，李桂林作出了重要决定——上"悬崖小学"当老师。1990年9月1日，维修一新的教室迎来了第一批学生，寂静了10年的二坪村又回响起读书声。没有一间住房，没有一张床，李桂林就借住在村民家的茅屋里。晚上，他点燃一盏煤油灯，在一张破旧的木桌上备课、批改作业。一年后，李桂林的妻子陆建芬也跟随李桂林来到二坪村小学，成为一名教师。她没有想到丈夫会在条件这么艰苦的地方教书，但是看到丈夫留在这里的决心，看到村民的贫穷、淳朴和缺少知识，她决定和丈夫一起留下来。1996年6月，二坪村小学第一届学生毕业，成绩优异，在全县同类学校中名列前茅。这年李桂林被甘洛县委、县政府评为优秀教师。

他与妻子18年如一日地教书育人，培养了六届学生共149人，其中有22人是从外村慕名而来的。这22名学生，星期一爬山来到学校，星期五再下山，都靠李桂林夫妇接送。通往"悬崖小学"的天梯，总共40多米，遇到雨雪天，踩不稳就有可能滑下山崖。就是在这样极度危险、恶劣的环境下，二坪村小学从没有发生过一起安全事故。18年过去了，二坪村小学学生未发生一起伤亡事故。"把孩子交给你们，我们一万个放心！""要不是你们夫妻，孩子们一定成了睁眼瞎。""你们，是二坪人民的顶梁柱，是孩子们的希望。二坪少不了你们。"一句句朴实的话语，道出了二坪村人的心声。

2009年的新学期开始时，李桂林告诉记者，学校的条件正在一天天改善。"木头梯子修成了结实的铁梯，还装上了钢筋护栏，孩子们上学比过去安全多了。现在，社会捐资100万余元扩建的新校舍，马上就要竣工了"。

二坪——这个过去的"文盲村"穷山村，现在成了"文化村"。从昔日的文化荒漠到今天的精神巨变，其中的点点滴滴与这两位老师付出的心血是分不开的。李桂林夫妇全心投入教育事业的精神让人感动，他们身上闪着让人敬佩的光芒。他们为偏远山区的教育事业撑起了一片蓝天。

星星和月亮在一起，桂林和建芬在一起；太阳撒下一片温暖，桂林和建芬烛照深山！

1-2.【2011年高考语文福建卷】

阅读下面《论语》选段,回答问题。(6分)

　　①子曰:"丘也幸,苟有过,人必知之。"(《论语·述而》)

　　②子曰:"过而不改,是谓过矣。"(《论语·卫灵公》)

　　③子贡曰:"君子之过也,如日月之食焉;过也,人皆见之;更也,人皆仰之。"(《论语·子张》)

1. 请简要概括孔子和子贡对"过"的看法。(2分)

　　答:_____

2. 子贡以日食、月食为喻,说明了什么道理? 请简要分析。(4分)

　　答:_____

3.【2008年北京大学自主招生题】

　"君子和而不同, 小人同而不和", 你对此感想如何?

　　答:_____

4.【2010年高考语文浙江卷】

《论语》对后人的思想有深刻的影响。请引用《论语》中与下面文字意思相仿的一句话,然后分析它们所表达的思想。(4分)

　　"大凡君子与君子以同道为朋,小人与小人以同利为朋,此自然之理也。"

　　　　　　　　　　　　　　　　　　　　(欧阳修《朋党论》)

　　答:_____

5.【2012年"华约"自主招生题】

　　一天下班,富兰克林和同事走下楼梯,来到大厅出口。走在前面的一位女士忽然在光滑的地板上摔倒。富兰克林的同事见状,马上要上去帮忙,可富兰克林却一把拉住了他,一起躲到了一根立柱后面。那位摔倒的女士已经迅速地爬了起来,一边打量四周一边整理衣裙、头发,走向了自己的汽车。直到这时候,富兰克林才拉着他的同事从立柱后面走出来。

　　这一幕让同事感到很困惑,一个平常对别人充满同情心的人,为什么在别人摔倒时不及时伸出援手,却躲了起来?富兰克林正色道:"有谁希望被人看到自己的尴尬和狼狈相呢?我们躲到立柱后面,是让那位女士确信,没有人看到她难堪的一面。否则,她以后遇见我们,一定会感到羞愧。"

　　看完这段文字,根据自己的感想写一篇800字的作文。

引　言

　　《礼记·学记》说："玉不琢，不成器；人不学，不知道。"由此可知学习的重要。孔子不敢以圣人自居，却一再以好学自许，说自己"学而不厌"，又自述其为人——发愤忘食，乐以忘忧，不知老之将至。不断的学习，使他成为快乐的人。

　　由于孔子好学，又从事教育工作，开私人讲学风气之先，所以《论语》中有关"学"的阐述很多。约略言之：为学之目的在于修己治人，而修己尤为治人的根本；其内容则以《诗》、《书》、《礼》、《乐》为主；其方法则要学思并重、切问近思、多见多闻、择善而从、一以贯之；其态度则要勤奋及时、持久有恒、学而时习、温故知新、好而乐之。如此方能成德达才，立人达人。

　　人类行为的发展、人格的养成，无不受到学习的影响。就心理学来说，学好或学坏都是一种学习，但就教育学来说，只有长善去恶的学习才有意义。《论语》论学中所呈现的意义是教育的，它不只是知识的获得，更是事理的体悟、道德的实践。研读本单元，于此不可不辨。

（一）

子曰："性①相近也，习②相远也。" ——《阳货》

章旨

孔子勉人为学，谓人的本性相近，但由于习染而有善恶的不同。

注释

①**性**：指天赋的本性、才质。

②**习**：鸟重复飞行，引申为学习。此指学习所受的影响。

解读

孔子对人的本性问题，只说相近，而没有谈到善恶，历代注家对此"性"字之解释，迭有争议。有人认为"性"是中性的，即无所谓善恶；有人则以为人性本善，是以相近，基本上人人都能发展其道德人格而成圣成贤，至于社会人群中有善有恶，其原因在于后天习染不同。无论中性论或人性本善论，都强调客观环境对人影响的重大，如何养善去恶，正是修养的重点所在。我们进德修业时，一方面应注意所处的环境，另一方面则应改造环境，突破环境的局限，成就完美的人格。

相关名言

◎干、越、夷、貉之子，生而同声，长而异俗，教使之然也。

——《荀子·劝学》

◎少成若天性，习惯如自然。

——《汉书·贾谊传》

（二）

子曰："由也，女闻'六言六蔽'①矣乎？"对曰："未也。""居②！吾语③女：好仁不好学，其蔽也愚④；好知不好学，其蔽也荡⑤；好信不好学，其蔽也贼⑥；好直不好学，其蔽也绞⑦；好勇不好学，其蔽也乱⑧；好刚不好学，其蔽也狂⑨。"

——《阳货》

章旨

孔子勉子路好学以成德。因为不好学，则不明其义、不究其实、不悟其理。

上二章为孔子论述为学的重要。由此可见，人虽具有美质，仍须经由学习，始能成就德行。

注释

①六言六蔽：六种美名及其容易产生的流弊。六言，指"仁、知、信、直、勇、刚"六事。言，字。这里指字所指称的事。六蔽，指"愚、荡、贼、绞、乱、狂"六者。蔽，蔽障。

②居：坐。子路起立回答，孔子命其坐下。

③语：音yù，告诉。

④愚：愚昧无知。

⑤荡：放荡而不知节制。

⑥贼：戕害。

⑦绞：音jiǎo，急切。

⑧乱：作乱闯祸。

⑨狂：狂妄。

解读

　　"仁、知、信、直、勇、刚"是上天赋予人的美德，但是，不经过学习，则不能明白事物所以然的道理，对事理情况看不分明，对利害得失也想不透澈，以致表现在外的行为，就会出现"愚、荡、贼、绞、乱、狂"等弊害。是故孔子勉人好学，借礼义的熏陶调节，使天赋本质的表现合于中道，以成就善德。

　　本章所谓"学"，指如何掌握合适的"度"，苟非其度，一切好品德也将是大毛病。由此可见，此"学"不仅是思辨，而尤贵于实践。

相关名言

◎常玉不瑑，不成文章；君子不学，不成其德。

——《汉书·董仲舒传》

◎在缺乏教养的人身上，勇敢就会成为粗暴，学识就会成为迂腐，机智就会成为逗趣，质朴就成为粗鲁，温厚就成为谄媚。

——【英国】洛克

（三）

子曰："三军可夺帅①也，匹夫不可夺志②也。"

——《子罕》

章旨

孔子勉人坚定心志，不因外力而改变。

注释

①三军可夺帅：三军人数虽多，但如人心不一，则可失去其元帅。三军，古代兵制，五师为一军。师，二千五百人；军，一万二千五百人。天子六军；诸侯大国三军，次国二军，小国一军。这里泛指军队。

②匹夫不可夺志：虽是一个普通的男子，能坚定志向，任谁也改变不了他的心志。匹夫，指个体的男子。匹，音pǐ。

解读

三军的主帅，固然兵多将广，势力强大，但是他的权力威势，都是外来的；有待于外在的权势，无法完全自主，故三军可以夺帅。匹夫虽然只是一人，势孤力微，但是，个人的意志，根源于内心；内在的意志，无待于外，可以圆满自足，故其志不可夺。一般人常眩惑于外在权势，忽略自身内在意志的无限潜能，所以，孔子特别以"三军可夺帅"与"匹夫不可夺志"对比，勉人守志不渝，克服外在的困难。

049

相关名言

◎一个有坚强心志的人，财产可以被人掠夺，勇气却不会被人剥夺。

——【法国】雨果

（四）

孔子曰："生而知之者^①，上也；学而知之者，次也；困^②而学之，又其次也；困而不学，民斯为下矣^③！"

——《季氏》

章旨

孔子就学与不学判别人的高下，希望不学者能自我警惕。

上二章为孔子勉人坚定心志，努力向学。

注释

①**生而知之者**：不学而能的人，指天资特别聪颖的人。

②**困**：困惑而有所不通。

③**民斯为下矣**：这种人就是最下等的了。民，指普通百姓。斯，则、就。

解读

此章从表面上看来，好像是在分别人的高下，其实重点乃在勉人向学。原因是"生而知之者"只存在于理论之中，凡是人没有不学而能的，所以实际上并无真正"生而知之者"。一般人有资质高下的分别，资质较高，仍有赖于学，学之后就能知晓道理，这是"学而知之者"；资质较低，只要肯学，一样可以知晓道理，这是"困而学之"，如果不肯学，那就迷糊度日，形同行尸走肉，这是"困而不学"，成为被大家所瞧不起的最下等人了。

《中庸》云："人一能之，己百之；人十能之，己千之。果能此道矣，虽愚必明，虽柔必强。"就是说明学习的效用，可以使愚昧的人聪明，使柔弱的人坚强。

相关名言

◎学则可以作圣，不学则无以成人。

——【清】尹会一《健余札记》

◎人不光是靠他生来就拥有的一切，而是靠他从学习中所得的一切，来造就自己。

——【德国】歌德

（五）

子曰："弟子①入则孝，出则弟②；谨而信③，泛爱众④而亲仁⑤；行有余力，则以学文⑥。" ——《学而》

章旨

孔子教弟子先学做人，以德为本；其次才学文，求书本上的知识。

注释

①弟子：犹言"子弟"，指为人子与为人弟者，非指学生。

②入则孝，出则弟：在家就孝顺父母，出外就善事长上。弟，通"悌"，音tì。

③谨而信：言行谨慎而信实。

④泛爱众：博爱大众。泛，音fàn，广博。众，众人。

⑤仁：指仁人。

⑥行有余力，则以学文：实行前述的孝、弟、谨、信、爱、亲六件事之后，还有余力，就用来学文。行，实行。文，指《诗》、《书》六艺之文。

解读

入孝出悌，谨身信言，爱众亲仁，这是做人的本分，重在实践，必须把这些都做到了，才来求取书本上的知识，而知识也才能为我所用。否则，就是舍本逐末，知识反而会害己害人，目前社会上所谓"智能型的犯罪"，就属于此类。所以我们求学，固然要追求各种知识，但也必须知道要尽到做人的本分，才是最重要的，并且在日常生活中去实践，也就是在"智育"之上更要培养"德育"。

相关名言

◎读有字书，却要识没字理。

——【明】鹿善继《四书说约》

◎有知识的人不实践，等于一只蜜蜂不酿蜜。

——【波斯】萨迪

（六）

子夏^①曰："贤贤易色^②，事父母能竭其力，事君能致其身^③，与朋友交，言而有信。虽曰未学，吾必谓之学矣。"

———《学而》

章旨

子夏谓为学重在实践人伦的道理，成德才是为学终极目标。

上二章说明求学的内容实包含德行与知识，惟重点则在于德行。

注释

①**子夏**：姓卜，名商，字子夏，卫人，孔子弟子。擅长文学，晚年曾设教于西河之上，传述孔子之道，为魏文侯师。

②**贤贤易色**：敬重贤人，轻视女色。贤贤，上一"贤"字是动词，尊敬；下一"贤"字是名词，指贤德之人。易，轻视。色，指女色而言。

③**致其身**：献身于职守。致，委、给与，有奉献之意。

解读

孔子论学，最强调人伦道德的实践，子夏这番话，就是在阐述孔子的观点。其实生活就是学习，尊敬贤人、善事父母、献身职守、以诚信对待朋友，这些人际关系的伦理，都要通过学习而来。因此，子夏说这种人即使没有受教育，也可断言已经受教育了。真正的教育不只在于记诵知识，或求取学历、文凭，重要的是要懂得做人的道理，并且落实于伦常日用之间。

子夏所强调的是：德行优先于知识，成德才是为学的终极目标。并非认为人可自然而然，不需要学。

相关名言

◎读得书来，口会说，笔会做，都不济事，须是身上行出，才算学问。

———【清】颜元《习斋记余》

（七）

子曰："学而不思则罔①，思而不学则殆②。"

——《为政》

章旨

孔子论学与思必须并重，不可偏废。

注释

①**罔**：通"惘"，迷惘、困惑而无所得。

②**殆**：疲怠。

解读

研究学问有两条途径：一是积存，一是消化。学习是积存的功夫，思考是消化的活动。只有积存而不消化，形同只进不出的仓库，久了以后，里面的东西必定朽败腐坏；只求消化而不积存，好像肚中无物，却不断分泌胃酸，不闹出肠胃病才怪。可见两者是不容或缺，不可偏废的。原因在于只知学习而不能思考，就有如鹦鹉学语，不知其义；只知思考而不去学习，则会闭门造车，出不合辙，结果只弄得疲惫不堪而已。

相关名言

◎阅读只能提供知识的材料，若要据为己有，必须依靠思索之力。

——【英国】洛克

◎读书而不加以思考，绝不会有心得，即使稍有印象，也浅薄而不生根，大抵在不久后又会淡忘丧失。

——【德国】叔本华

（八）

子曰："赐也，女以^①予为多学而识^②之者与？"对曰："然，非与？"曰："非也！予一以贯之^③。"

——《卫灵公》

 **章旨**

孔子示子贡，谓自己的学问来自于掌握要领，一以贯之。

上二章言为学宜学思并重，且当掌握大纲领而得其条理。

 **注释**

①**以**：以为。

②**识**：音zhì，记住。

③**一以贯之**：即"以一贯之"，用一个基本的大道，贯通所有的事理。贯，通。之，指所学的知识学问。

 **解读**

博学是孔子所肯定的，但博而缺乏条理系统，则只是驳杂而已；书尽管读了很多，也不过是"两脚书橱"罢了。所以孔子认为量多并不足取，最可贵的乃是掌握其中的共通精神，达到质精的地步。如此，所获得的才不会是杂乱无章的知识，而是体系严整，有裨于身心涵养的生命智慧。

相关名言

◎举一而三反，闻一而知十，乃学者用功之深，穷理之熟，然后能融会贯通，以至于此。

——【南宋】朱熹《朱子全书·学三》

◎学问博识强记易，会通解悟难。

——【明】吕坤《呻吟语》

（九）

子曰："由，诲女知之乎^①！知之为知之，不知为不知，是知也^②。"

——《为政》

章旨

孔子拿真知之理教导子路，告诉他不可自欺而强不知以为知。

注释

①**诲女知之乎**：（我）来教导你知晓道理的方法吧！知之，指知晓道理。

②**是知也**：这样才是明智啊！是，此。知，通"智"，音zhì。

解读

待人处事，首贵真诚，为学求知，亦是如此。唯有以真诚的态度求知，才能虚心受教，日有所得。因此当一个人坦承自己无知之时，才能称得上明智。张潮《幽梦影》中有云："人非圣贤，安能无所不知？止知其一，惟恐不止其一，复求知其二者，上也；止知其一，因人言始知有其二者，次也；止知其一，人言有其二而莫之信者，又其次也；止知其一，恶（音wù，厌恶）人言有其二者，斯下之下矣。"我们到底要成为哪一等人，就取决于对于知识的真诚态度如何了。

相关名言

◎知之曰知之，不知曰不知，内不自以诬，外不自以欺。

——《荀子·儒效》

◎略知皮毛者，总爱反复谈论那点皮毛。

——【英国】托马斯·富勒

（十）

子在川上曰："逝者如斯夫①，不舍②昼夜！"

——《子罕》

章旨

孔子以岁月如流，勉人惜时进学。

注释

①逝者如斯夫：光阴的前进，就像这向前奔流的水吧！逝，往。斯，此，指川中之水。夫，音fú，吧，句末语助词。

②舍：音shè，止息。"舍"有两解：一解为舍弃，音shě。二解为舍止，音shè。这里采用后一说。

解读

晋陶渊明《杂诗》云："盛年不重来，一日难再晨。及时当勉励，岁月不待人。"明文徵明之子文嘉《明日诗》曰："明日复明日，明日何其多。日日待明日，万事成蹉跎。世人皆被明日累，明日无穷老将至。晨昏滚滚水东流，今古悠悠日西坠。百年明日能几何，请君听我明日歌。"有关勉人惜时进取的名篇佳作很多，但能真正努力掌握时光的人却很少。孔子此言，毫无教训意味，而用感慨口气表达。圣贤如孔子，都有这种感触，我们能不警醒而更加珍惜时光吗？

相关名言

◎河水我们抓不住，时光我们也留不得。

——【英国】狄更斯

（十一）

子曰："后生可畏^①，焉知来者之不如今也^②。四十、五十而无闻^③焉，斯亦^④不足畏也已！"

——《子罕》

章旨

孔子勖勉年轻人及时进取，前途当不可限量；若蹉跎岁月，则将老大无成。

上三章言为学应抱持真诚态度，并爱惜光阴，及时努力。

注释

①后生可畏：后生年富力强，前途不可限量，值得敬畏。后生，年少后进之人。畏，敬畏。

②焉知来者之不如今也：怎能知道后生晚辈将来的成就比不上现在的人呢？焉，疑问代词，犹"安"、"何"。来者，指后来的人。

③闻：声誉。

④斯亦：那么就。斯，那么。亦，即、就。

解读

年轻人有如东升的旭日，其运行正值方兴未艾之际，而又光芒焕发，热力四射，前景无可限量，所以孔子对他们有很大的期许，期许他们能如同长江之后浪推前浪一般，掀起更壮阔的波澜。但另一方面孔子也提醒他们，假如不肯奋勉求进，则也会像白日被乌云所掩一般，到了一定的时刻，仍然无法绽放光明，其黯淡也就可想而知了。此章有期望勉励，也有吩咐告诫，足见孔子对年轻人的爱惜之情。

057

相关名言

◎少年易老学难成，一寸光阴不可轻。未觉池塘春草梦，阶前梧叶已秋声。

——【南宋】朱熹《偶成》

（十二）

子曰："譬如为山，未成一篑^①；止，吾止^②也！譬如平地^③，虽覆一篑^④；进，吾往^⑤也！"——《子罕》

章旨

孔子勉人进德修业，当努力完成，不可功亏一篑；停止或前进，都在我而不在人。

注释

①**未成一篑**：尚缺一筐土，而未能堆成一座山。篑，音kuì，筐子，以竹子编成，用以盛土。

②**止，吾止**：停下来不再继续，是我自己停下来的。

③**平地**：名词性结构，平坦的地面。

④**虽覆一篑**：虽然只倾覆一筐土，但还可以继续增加。覆，倾覆。

⑤**进吾往**：继续倾土，也是我自己努力不懈的。

解读

本章记孔子以堆土成山、平地堆土为喻，说明为学贵在有恒，并特别指出，持之以恒或半途而废，其关键都操之于己。"愚公移山"的故事，大家都耳熟能详，愚公不畏险阻，认为只要自己有恒心与毅力，终究可以达成目标。河曲智叟笑他白费力气，不够聪明。但何者为愚？何者为智？《列子》这则寓言实别有寄托而蕴含深意。

相关名言

◎为山九仞，功亏一篑。

——《尚书·旅獒》

◎不积跬步，无以至千里；不积小流，无以成江河；骐骥一跃，不能十步，驽马十驾，功在不舍；锲而舍之，朽木不折，锲而不舍，金石可镂。

——《荀子·劝学》

（十三）

子曰："苗而不秀①者，有矣夫！秀而不实②者，有矣夫！"

——《子罕》

章旨

孔子勉人为学，当精进不已，以期有成；不可始勤终懈，以致前功尽弃。

注释

①**苗而不秀**：长出庄稼却不吐穗开花。苗，没有吐穗的庄稼；此处作动词用，指处于没有吐穗的阶段。秀，吐穗开花。

②**实**：结实成谷。

解读

此章借农作物处于没有吐穗的阶段却不吐穗开花，或虽吐穗开花而不能结实成谷做比喻，感叹前功尽弃。农作物所以会苗而不秀，或华而不实，其原因主要有下列三点：一为方法不当，或舍而不耘，或揠苗助长；二为功夫不深，一曝十寒，未适时的灌溉施肥；三为环境恶劣，即土地硗薄。如能就此三个原因对症下药，则农作物必能开花结实，我们就可以享受丰盈收获的欢愉了。

相关名言

◎学者之患，莫大于自足而止。

——【南宋】范浚《拙懒轩记》

◎绳锯木断，水滴石穿。

——【南宋】罗大经《鹤林玉露》

（十四）

冉求①曰："非不说②子之道，力不足也。"子曰："力不足者，中道而废③；今女画④。" ——《雍也》

章旨

孔子责备冉求画地自限，停止不前。

上三章言为学当持之以恒，积极向上，不可半途而废，画地自限。

注释

①冉求：姓冉，名求，字子有，鲁人，孔子弟子。性谦退，多才艺，善政事。

②说：通"悦"，音yuè，心中欣喜。

③中道而废：半途而停止。指若是力量不够，也应走到半途才因疲困而停止。

④今女画：现在你却画地自限，不肯前进。女，同"汝"，你，指冉求。画，划定界限，这里指停滞不前。

解读

冉求是一位多才多艺，适合从政的人材，孔子曾说："求也艺，于从政乎何有？"（《雍也》）然而冉求的个性却偏于保守畏缩，孔子曾说："求也退，故进之。"（《先进》）本章冉求表达他对夫子之道的看法，与他向来的性格表现相似，孔子非常了解他，当他学习退缩时，孔子并没有严加谴责，而以走路作比喻，鼓励他要勇往直前，不能画地自限。

相关名言

◎人之于学，避其所难，而姑为其易者，斯自弃也已。

——【北宋】程颢、程颐《二程粹言·论学》）

（十五）

子曰："学如不及①，犹恐失之②！" ——《泰伯》

章旨

孔子勉人努力求学，不可稍有懈怠。

注释

①**学如不及**：求学好像在追赶什么，深怕赶不上似的。言求学宜抱持此种态度。

②**犹恐失之**：还害怕失掉它。指恐怕失去、忘掉已学得的学问。犹，还。

解读

为学之道，有如逆水行舟，不进则退，因此必须孜孜不倦，勤勉以求，否则就无法获得高深的学问。本章有两层意思，第一层是"学如不及"，指在追求新知之时，应该全力以赴。第二层是"犹恐失之"，指既已求得学问，还要巩固所学，身体力行，如此才能获得真正的学问。

相关名言

◎业精于勤荒于嬉；行成于思毁于随。

——【唐】韩愈《进学解》

◎学识如梦中情人，一天不死，追个不止。

—— 英国谚语

（十六）

子曰："温故而知新①，可以为师矣。"——《为政》

章旨

孔子言人能温故知新，就具有为人师的资格。

注释

①温故而知新：温习旧有的学问，追求新的知识道理。温，寻思、复习。

解读

"温故"是指温习原有的学问；"知新"是指追求新的知识道理。有根柢的学问，须经一再温习，一再咀嚼，才能有体悟和心得，将知识转化为身体力行的准则，对人生才有助益。而时代进步，新的知识不断地被开发出来，如不能追求新知，就无法顺应时势，而成为落伍的人。所以在温习旧有之外，更要具备新知，才能适合当代的需求。

相关名言

◎读书百遍而义自见。

——《三国志·魏书·王肃传》裴松之注

◎旧书不厌百回读，熟读深思子自知。

——【北宋】苏轼《送安惇秀才失解西归》

（十七）

子夏曰："日知其所亡^①，月无忘其所能；可谓好学也已矣！"

——《子张》

章旨

子夏言知新温故，可算是好学。

上三章言为学应努力向前，既要追求新知，也要温习已获得的学问。

注释

①**所亡**：指自己尚未学得的道理及知识。亡，通"无"，音wú。

解读

"日知其所亡"是指每天都去探求一些自己前所未闻的新知识；"月无忘其所能"是指每月都不间断地温习旧有的知识，以免旧有的知识遗忘。"日知其所亡"是知新，"月无忘其所能"是温故。做学问必须如此勤奋以求，日积月累，才算是"好学"。

相关名言

◎日习则学不忘，自勉则身不堕。

——【东汉】徐幹《中论·治学》

◎日日行，不怕千万里；常常做，不怕千万事。

——【清】金缨《格言联璧·处事》

（十八）

子曰："学而时习之[①]，不亦说乎[②]？有朋[③]自远方来，不亦乐乎？人不知而不愠[④]，不亦君子乎？"

——《学而》

章旨

孔子示人为学的方法、乐趣及态度。

注释

①**学而时习之**：学了以后，又按时加以温习。而，且、又。

②**不亦说乎**：不是很令人欣喜的吗？亦，表示加重语气的语气副词，无义。说，通"悦"，音yuè。

③**朋**：同类、同门，指志同道合的朋友。

④**愠**：音yùn，心中含有怒意。

解读

本章传达孔子论学的三个重点，"学而时习之，不亦说乎"是指学习之后，要按时温习，才能将所学融会贯通，加深理解；通过"时习"的努力，常常会有新的发现或启示，而感到欣喜万分。"有朋自远方来，不亦乐乎"是指有志同道合的朋友，自远方而来，相互切磋学问，共同砥砺品行，这是人生一大乐事。"人不知而不愠，不亦君子乎"是指君子为学，是为了修养自己，充实自己，有机会则服务人群，不是为了炫耀自己；对人对事，都会反求诸己，尽其在我，因此上不怨天，下不尤人。

相关名言

◎人之为学，不日进则日退；独学无友，则孤陋而难成；久处一方，则习染而不自觉。

——【清】顾炎武《与友人书》

（十九）

子曰："知之者^①，不如好之者^②；好之者，不如乐^③之者。"

——《雍也》

章旨

孔子说明学问之历程，知、好、乐三层修习工夫，一层比一层进步。

上二章为孔子自述为学的心得，而深切体会其中之悦乐。

注释

①**知之者**：知道此学、此道、此事为如何的人。

②**好之者**：有所笃好的人。好，音hào，爱好。

③**乐**：音yào，喜爱，喜好。如孔子的"发愤忘食，乐以忘忧，不知老之将至"。

解读

"知之"、"好之"、"乐之"三个"之"字，性质相同，都指"为学"而言。"知之"是指对事物的道理有初步的了解。"好之"是指初步了解事物的道理之后，进而从实践中体会为学的好处，产生喜好的心理。"乐之"比"好之"更提升一层，达到陶然忘我、乐在其中的境界。"知之"、"好之"、"乐之"代表三种不同的层次，"知之"属于知识层次、"好之"属于实践层次、"乐之"代表深有所得层次。

相关名言

◎生而不知学，与不生同；学而不知道，与不学同；知而不能行，与不知同。

——【北宋】黄晞《聱隅子·生学篇》

◎强迫学习的东西是不会保存在心里的。

——【古希腊】柏拉图

子曰："吾十有五而志于学①，三十而立②，四十而不惑③，五十而知天命④，六十而耳顺⑤，七十而从心所欲，不踰矩⑥。"

——《为政》

章旨

孔子自述为学的历程与进境。

注释

①**吾十有五而志于学**：我十五岁时，立志发愤向学。有，通"又"，音yòu。

②**三十而立**：三十岁时，就能明道守礼，卓然自立。立，站得住。

③**不惑**：能够通达事理而没有疑惑。

④**知天命**：了解天道所赋予我的，人生应尽的道义责任。天命，指宇宙间事物的道理。

⑤**耳顺**：指听到了道理，能马上明白而不会觉得窒碍不通。

⑥**从心所欲，不踰矩**：顺从心意行事，而不超越规矩法度。从，随、顺。踰，音yú，超越。

解读

本章是孔子晚年自述为学的历程与进境。"十有五而志于学"是指十五岁时，了解为学的重要，因而主动产生向学的意念和渴望。"三十而立"是指三十岁时，确认为学的目标，而且学有所成，能在社会上立身行道。"四十而不惑"是指四十岁时，能洞察事物的道理，肯定人生的理想。"五十而知天命"是指五十岁时，知晓宇宙万物运行的自然法则，以及人生穷通的分际。"六十而耳顺"是指六十岁时，对于别人的言论，能够"闻其言而知其微旨"（见何晏《论语集解》），不论毁誉褒贬，都能了然于胸，不动心，不生气。"七十而从心所欲，不踰矩"是指七十岁时，为学的境界已经达到炉火纯青的地步，言行视听都能从容中道。

相关名言

◎问学如登塔，逐一层登将去，上面一层，虽不问人，亦自见得。

——【清】张伯行《朱子语类辑略》

◎古今之成大事业大学问者，必经过三种之境界："昨夜西风凋碧树，独上高楼，望尽天涯路"，此第一境也。"衣带渐宽终不悔，为伊消得人憔悴"，此第二境也。"众里寻他千百度，蓦然回首，那人却在灯火阑珊处"，此第三境也。

——王国维《人间词话》

（二十一）

子曰："志于道^①，据于德^②，依于仁^③，游于艺^④。"

——《述而》

章旨

孔子指示人为学的正确方法，在于志道、据德、依仁、游艺。

上二章记孔子自言其为学的历程与达到的境界，及其所体悟的为学之道。

注释

①**志于道**：立志追求正道。道，指真理、理想。

②**据于德**：执守学道所得之德。

③**依于仁**：依从修德所悟的仁心行事。

④**游于艺**：游习于礼、乐、射、御、书、数六艺之中，以陶冶性情。游，游习。

解读

本章所说的，不但是进德修业的方法，而且是为学做人的全部原则，层次分明。

"志于道"是指一个人要行道于世，首先要在思想上立志行道，因为志向的大小，影响到行道的成效，《雍也》篇孔子勉励子夏"女为君子儒，无为小人儒"，就是这个道理。

"据于德"是指已经立定志向之后，要以道德作为行为的依据，否则所做所为，必然功效不彰，甚至产生流弊。"依于仁"是指行道之时，要以爱心做基础，如此人与人的相处，才不会违离仁道，并可以进一步推广亲亲之爱，成为爱人群、爱万物的人。"游于艺"是指在行道之时，随时以六艺调剂身心，永远保持平和的心境。

相关名言

◎博爱之谓仁，行而宜之之谓义，由是而之焉之谓道，足乎己无待于外之谓德。

——【唐】韩愈《原道》

◎艺术的真正职责，就在于帮助人认识到心灵的最高旨趣。

——【德国】黑格尔

问题与讨论

一、 你对"性相近也，习相远也"的看法为何？请加以说明。

二、 学与思的关系如何？请稍加阐述。

三、 从本单元中，可以归纳出哪些为学的方法和态度？

四、 从孔子的哪些话，可以看出学贵及时？此外，请再举出一首古人用以勉人爱惜光阴的诗作。

五、 孔子从什么地方去体会学习的乐趣？你的经验有哪些可以提出来印证的呢？

学贯中西，不求闻达

—— 钱锺书

当代学子穿梭于学校与补习班之间，接受的是制度化的教育形式与应试技巧的训练，对于学问大师的风范，恐怕难以领会，在此介绍一位学贯中西的大师——钱锺书。

钱锺书，江苏无锡人，中国现代著名作家、文学研究家。他博学多能，学贯中西，在文学创作和学术研究两方面均做出了卓越成绩。解放前出版的著作有散文集《写在人生边上》，用英文撰写了《十六、十七、十八世纪英国文学里的中国》，短篇小说集有《人·兽·鬼》，长篇小说有《围城》，文论及诗文评论有《谈艺录》。解放后，钱先生出版有《宋诗选注》、《管锥编》五卷、《七缀集》、《槐聚诗存》等。他还参与《毛泽东选集》的外文翻译，主持过《中国文学史》唐宋部分的编写工作。

钱先生的治学特点是贯通中西、古今，融汇多种学科知识，探幽入微，钩玄提要，在当代学术界自成一家。因其多方面的成就，被誉为文化昆仑。钱锺书先生致力于人文社会科学研究，淡泊名利，甘愿寂寞，辛勤研究，饮誉海内外，为国家和民族做出了卓越贡献，他的著述滋养了几代学人，是中国的宝贵财富。

钱先生毕生致力于确定中国文学艺术在世界文学艺术宫殿中的适当位置，促使中国文学艺术走向世界，加入到世界文学艺术的总的格局中去。为此，他既深刻地阐发了中国文化精神的深厚意蕴和独特价值，也恰切地指出了其历史局限性和地域局限性。他既批评中国人由于某些幻觉而对本土文化的妄自尊大，又毫不留情地横扫了西方人由于无知而以欧美文化为中心的偏见。他对于推进中外文化的交流、使中国人了解西方的学术以及使西方人了解中国的文化，起了很好的作用。他数十年间实践"打通"、"参互"、"比较"的方法，努力使中国学自觉地成为一个科学的、开放的体系，从而获得更深、更广、更新的发展。他的文学创作是具有真正中国风格、中国气派，为中国人也为外国人所喜爱的作品。

钱先生的高尚品德为中国知识分子树立人格的榜样。在三四十年代，他不向恶势力俯首，用文学作品辛辣地嘲弄了那个黑暗社会。1949年以后，虽然"经过九蒸九焙的改造"，"文化大革命"中更是受尽凌辱和折磨，但是，他在任何时候都没有忘记自己作为一个学者，要为祖国和世界文化做出贡献的历史使命。他潜心读书研究，不好拜客访友，也讨厌、憎恨别人拜访，客来常以病谢。他从不故作高深，惜时如金，不借口舌而扬名，不浪掷光阴于交游；甘于寂寞，不求闻达；不走冷门，不投热机，不计利钝，不易操守，反对树宗立派，只是一心一意地搞研究、出成果。在当今之世，这种品格更为难能可贵。

1998年12月19日上午7时38分，八十八岁的钱锺书先生因病在北京逝世。翌日新华社播出的新闻通稿称他"永垂不朽"。

1.【2010年普通高校联合招收港澳台华侨语文试卷】

补写出下列名句中的空缺部分

_____，教然后知困。(《礼记·学记》)

2.【2011年普通高校联合招收港澳台华侨语文试卷】

补写出下列名句中的空缺部分

子曰："知之者不如好之者，_____。"(《论语·雍也》)

3.【2012年"华约"自主招生题】

用"/"符号给下面的文段断句。

论曰伏氏自东西京相袭为名儒以取爵位中兴而桓氏尤盛自荣至典世宗其道父子兄弟代作帝师受其业者皆至卿相显乎当世孔子曰古之学者为己今之学者为人为人者凭誉以显物为己者因心以会道桓荣之累世见宗岂其为己乎？

(《后汉书·桓荣丁鸿列传》)

4-5.【2009年高考语文浙江卷】

阅读《论语》中的两则文字，然后回答问题。

子曰："不愤不启，不悱不发。举一隅不以三隅反，则不复也。"

子曰："予欲无言。"

子贡曰："予如不言，则小子何述焉？"

子曰："天何言哉？四时行焉，百物生焉，天何言哉？"

4. 有不少成语源于《论语》，例如"不愤不启""不悱不发"，请再写一个出自上述语段的成语。

答：_____

5. 根据孔子与子贡的对话，概况出一条教学原则，并加以评析。

答：_____

6-7.【2008年高考语文福建卷】

阅读下面两段文言文,按要求答题。(10分)

　　子谓颜渊曰:"用之则行,舍之则藏,惟我与尔有是夫!"(《论语·述而》)

　　孟子曰:"得志与民由之,不得志独行其道。"(《孟子·滕文公下》)

6. 把文中画横线的句子翻译成现代汉语。(6分)

　　①用之则行,舍之则藏,惟我与尔有是夫! (3分)

　　答:＿＿＿＿＿＿＿＿＿＿＿＿＿＿＿＿＿＿＿＿＿＿＿＿＿＿＿＿＿＿

　　②得志与民由之,不得志独行其道。(3分)

　　答:＿＿＿＿＿＿＿＿＿＿＿＿＿＿＿＿＿＿＿＿＿＿＿＿＿＿＿＿＿＿

7. 根据以上两段内容,简要谈谈孔孟二人的处世态度。(4分)

　　答:＿＿＿＿＿＿＿＿＿＿＿＿＿＿＿＿＿＿＿＿＿＿＿＿＿＿＿＿＿＿

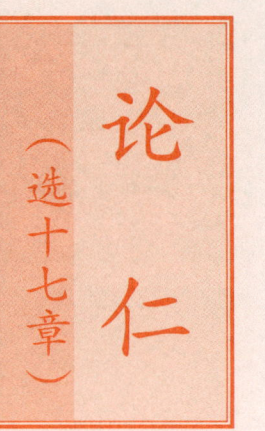

论仁

（选十七章）

引　言

　　仁是一种爱人利人，与人相亲的美德。把仁的地位提升，当作所有美德的总称，始于孔子。《论语》中论仁之处甚多，由此可知仁在孔子思想上的重要。

　　仁为人后天能获取的一种德行，只要自觉与实践，就能获得它。仁是一个抽象的概念，很难从字义训诂上去寻求解答。所以孔子论仁的方式，不是从理论出发，也不曾给仁下一个确切的定义，只说何者是仁，何者不是仁，仁者如何，不仁者如何。因此常使我们感觉到仁好像很容易把握，却又遥不可及！

　　那么仁究竟是什么呢？孔子所论的仁是包含着许多德行的。爱人是仁；孝、悌、恭、宽、信、敏、惠是仁；"己所不欲，勿施于人"是仁；"己欲立而立人，己欲达而达人"也是仁……。总之，从个人的修养，到待人处世之道，以至政治事功的表现，都是仁的作用，都属仁的范畴。由此可见，仁涵摄众德，众德都是仁的表现；它是圆满人格的体现，也是道德实践的极致。

　　从以上的说明，我们可以知道，仁是可以随处体现的。只要我们从日常生活中的基本孝悌做起，随时努力行仁，不违仁道，就不难成为一个有道的君子。

（一）

子曰："巧言①，令色②，鲜③矣仁。"

——《学而》

章旨

孔子告诫人勿刻意讨好人，否则就有损仁德。

注释

①**巧言**：说好听的话来谄媚人。巧，好。

②**令色**：装出和善的脸色来奉承人。令，善、美好。

③**鲜**：音xiǎn，少。

解读

"仁"是一种出于至诚的美德，巧言无实，令色无质，所以孔子厌恶这样的人。除本章之外，孔子又说："巧言、令色、足恭（足，音jù，过分），左丘明耻之，丘亦耻之。"（《公冶长》）"巧言乱德。"（《卫灵公》）孔子认为一位有仁德修养的人，不会谄媚讨好、阿谀奉承，必然直言正色，诚实无伪。

相关名言

◎有很多人，虽然做了最可耻的事，却毫不在乎地说着最漂亮的话。

——【古希腊】德谟克利特

◎懂得如何奉承的人，也懂得如何毁谤。

——【法国】拿破仑

（二）

子曰："里仁为美①。择不处仁②，焉得知③？"

——《里仁》

章旨

孔子教人应选择风俗仁厚的乡里作为住所。

注释

①**里仁为美**：乡里间具有仁厚的风俗，是一件美事。里，古代居民组织，二十五家为一里。这里指里居。

②**择不处仁**：选择住所，却不居处于风俗仁厚的乡里。处，居住。

③**焉得知**：怎能称得上明智呢？得，能够、可以。知，通"智"，音zhì。

解读

居住环境对人的影响非常大，古人说："橘逾淮而为枳"，"近朱者赤，近墨者黑"，"入芝兰之室，久而不闻其香；入鲍鱼之肆，久而不闻其臭"。说明生活环境的重要性。因此，选择风俗仁厚的住所，是聪明的行为表现。相反地，如果明明知道某地风俗败坏，却还将其选为住所，那就不算是聪明的行为。

> **相关名言**
>
> ◎蓬生麻中，不扶而直；白沙在涅，与之俱黑。
>
> ——《荀子·劝学》

（三）

子曰："不仁者，不可以久处约①，不可以长处乐②。仁者安仁③，知者利仁④。" ——《里仁》

章旨

孔子言仁者不会因环境而失去本心，改变他的操守；并且说明仁者、智者实践仁道的特征。

注释

①**约**：指贫贱穷困的环境。

②**乐**：指富贵安乐的环境。

③**安仁**：很自然地依仁道而行。安，安之若素，自然而不勉强的意思。

④**知者利仁**：明智的人知道仁道可以利人利己而努力行仁。知，通"智"。

解读

俗话说："饱暖思淫欲，饥寒起盗心。""不仁者"因为容易受外在环境的影响，如果长期处在穷困的环境，很可能就会偷盗为非，违法乱纪；如果长期处在安乐的环境，也很可能流于骄纵奢侈，败坏风俗；所以孔子说"不仁者，不可以久处约，不可以长处乐"。仁者心存善念，能够自然而然的实践仁道；智者因为知道仁道可以利己利人，所以也乐意实践仁道。

相关名言

◎居逆境中，周身皆针砭药石，砥节砺行而不觉；处顺境中，眼前尽兵刃戈矛，销膏靡骨而不知。

——【明】洪应明《菜根谭》

◎苦难可以试验一个人的品格，非常的遭遇可以显出非常的气节。

——【英国】莎士比亚

（四）

子曰："刚①、毅②、木③、讷④，近仁。"

——《子路》

章旨

孔子认为一个人如果具有刚、毅、木、讷四种修养，则近于仁道。

注释

①**刚**：指公正无私欲。

②**毅**：果敢坚忍。

③**木**：性情质朴。

④**讷**：音nè，言语谨慎似迟钝。

解读

此章给我们的启示是：刚、毅、木、讷虽然并非就是仁，但培养仁德，则必须由此入手，所以平日宜检点自己的言行，尽量克制私欲，使能具有刚强公正的精神；行事需果敢以赴，具有恒心毅力；保持质朴的性格，有所为有所不为；言语则谨慎小心，避免浮夸不实。如此在日常生活中不断增进自己的涵养，就可以逐步趋近于仁的境界了。

相关名言

◎多说话的人，不是长于做事的人。

——【英国】莎士比亚

◎刚强的人尽管在内心很激动，但他们的见解和信念却像在暴风雨中颠簸的船上的罗盘指针，仍能准确地指出方向。

——【德国】克劳塞维茨

（五）

子曰：“志士仁人，无求生以害仁^①，有杀身以成仁^②。”

——《卫灵公》

章旨

孔子言志士仁人视仁德重于生命。

上五章为孔子分别从言语脸色、选择住所、外在环境、培养仁德、对仁的态度，论述仁道，显现其对仁道的重视。

注释

①**无求生以害仁**：不会苟且为求活命而损害仁道。

②**杀身以成仁**：牺牲生命以成就仁道。

解读

“志士”，指守义之士；“仁人”，指具备恻隐之心的人；志士仁人在遭逢大节之时，必定能够见危授命，舍生取义。《孟子·告子上》说：“生，亦我所欲也；义，亦我所欲也。二者不可得兼，舍生而取义者也。”孟子此说可与本章相发明。由于孔、孟都肯定仁义的价值高于生命，因而形成中国独特的民族精神，使后世许多仁人志士，养成殉道的品德，勇于舍生取义。

相关名言

◎为正义而死不是惩罚，而是一种光荣；为自由而死，是一种荣耀。

——【荷兰】斯宾诺莎

◎生命的全部奥秘就在于为了生存而放弃生存。

——【德国】歌德

颜渊问仁。子曰："克己复礼①为仁。一日克己复礼，天下归②仁焉。为仁③由己，而④由人乎哉？"颜渊曰："请问其目⑤？"子曰："非礼勿视，非礼勿听，非礼勿言，非礼勿动。"颜渊曰："回虽不敏，请事斯语⑥矣！"

———《颜渊》

章旨

孔子教颜渊实践仁德在克己复礼，其具体的条目是视、听、言、动皆应合于礼。

注释

①**克己复礼**：克制自己的私欲，使言行都合于礼。克，胜、克制。复，归返。

②**归**：归向。

③**为仁**：行仁。

④**而**：连词。

⑤**目**：指实践的具体条目。

⑥**请事斯语**：敬谨依照这句话的指示来奉行它。事，奉行。斯语，指"非礼勿视"等四句话。

解读

孔子回答颜渊问仁，特别提出"克己复礼"的见解。何以"克己复礼"就是仁呢？其实在孔子的学说中，"仁"和"礼"互为表里，仁是内在的，礼是外在的。礼要以仁为基础，靠仁来维护；离开仁，礼就徒具形式。因此视听言行都能以礼为准绳，即是在具体实践仁的内涵。所以仁的具体内容是由礼的要求来规定，离开礼，仁就无所依托。孔子在"克己复礼"之后，又指出具体的实践条目："非礼勿视，非礼勿听，非礼勿言，非礼勿动。"这里的"勿"字，含有自我要求，自我约束的意思，也就是克己的工夫，克制自己使视、听、言、动都能合乎礼。

相关名言

◎人无礼不生，事无礼不成，国家无礼不宁。

——《荀子·修身》

◎彬彬有礼的风度，主要是自我克制的表现。

——【美国】爱默生

（七）

仲弓①问仁。子曰："出门如见大宾②，使民如承大祭③。己所不欲，勿施于人④。在邦⑤无怨，在家⑥无怨。"仲弓曰："雍虽不敏，请事斯语矣。"

——《颜渊》

 **章旨**

孔子教仲弓实践仁德在于主敬行恕。

注释

①**仲弓**：姓冉，名雍，字仲弓，鲁人，孔子弟子。度量宽宏，才干出众。

②**出门如见大宾**：出门待人接物，态度应该如会见贵宾一样地恭敬。大宾，贵宾。

③**使民如承大祭**：役使人民，态度应该如承办重大的祭典一样地恭敬。使，役使。承，奉、承办。

④**己所不欲，勿施于人**：自己所不愿意的事，不要加到他人身上。即恕道。

⑤**邦**：指诸侯国。

⑥**家**：指卿大夫之家。

解读

孔子认为一个领导者，出门待人接物的态度必须恭敬，在役使治理人民时，也要非常慎重。同时必须将心比心，多为百姓设想，也就是施政要考虑百姓的需要，不要有扰民、欺压百姓的事情发生。领导者要做到主敬行恕的功夫，达到"无怨"，不管在诸侯国邦或卿大夫家，都不要埋怨，这样为政已经成功大半了。所以"仁"不仅是个人的修养，也可进一步表现在事功上。

相关名言

◎崇敬人民者受人民崇敬。

——【英国】培根

◎人愈是能够将心比心，他就愈是真正的人。

——【印度】泰戈尔

樊迟①问仁。子曰："爱人。"问知②。子曰："知人。"樊迟未达③。子曰："举直错诸枉④，能使枉者直。"樊迟退，见子夏，曰："乡⑤也，吾见于夫子而问知，子曰：'举直错诸枉，能使枉者直。'何谓也？"子夏曰："富哉言乎！舜有天下，选于众，举皋陶⑥，不仁者远矣；汤有天下，选于众，举伊尹⑦，不仁者远矣。"

——《颜渊》

章旨

孔子教导樊迟爱人以行仁，知人以成智。子夏进一步举例阐明仁智相互为用的实际效果。

注释

①**樊迟**：姓樊，名须，字子迟，鲁人，孔子弟子。具好问、好学精神。

②**知**：通"智"。

③**达**：通晓、明白。

④**举直错诸枉**：举用正直的人，来管理邪曲不正的人。错，通"措"，舍置。诸，"之于"的合音。枉，邪曲不正。

⑤**乡**：通"向"，音xiàng，以前。

⑥**皋陶**：音gāo yáo，舜的贤臣，职掌司法。

⑦**伊尹**：汤的贤相。尹，音yǐn。

083

解读

　　本章记载樊迟向孔子问仁，孔子很简要地回答："爱人。"接着，樊迟继续请教怎样才算是"智"。孔子的回答也很简单，就是"知人"。但樊迟并不了解，孔子于是为他解释说："举直错诸枉，能使枉者直。"樊迟听了还是不了解，只好退下去转而请教同学子夏。子夏除了赞叹老师所讲的话有深广的含义外，并且举舜和汤选用正直的臣子皋陶、伊尹为例，这是"知人"善任，表面看来是在论"知"；但就效果而言，能使"不仁者远矣"，这正是"爱人"的表现，其实也兼论了"仁"。子夏用例证来阐发孔子的道理，并进一步把仁智相互为用的实际效果也点出来了，确实有他高明之处。

相关名言

◎仁者莫大于爱人，知者莫大于知贤。

——《礼记·表记》

◎世界上只有一条真理，就是相爱。

——【法国】罗曼·罗兰

（九）

樊迟问仁。子曰："居处①恭，执事②敬，与人③忠。虽之④夷狄，不可弃也。"

——《子路》

章旨

孔子教樊迟实践仁德在恭以处己，敬以行事，忠以待人。且不论在什么地方，都应该固守勿失。

注释

①**居处**：日常的生活起居。处，音chǔ。

②**执事**：行事。

③**与人**：待人。与，对待。

④**之**：往、到。

解读

《论语》中记樊迟问仁有三次，除上章及本章外，还有《雍也》篇。《雍也》篇孔子回答樊迟说："仁者先难而后获。"意指先去做艰难的事，然后才计较功利的获得。上章只以"爱人"，就仁的本体回答。本章则指示樊迟为人处世必须掌握恭、敬、忠三个原则。

恭是对平日自处而言，言行要恭敬而谨慎，保持严肃的态度；敬是对处事而言，对工作要尽心尽责，切勿草率马虎；忠是对待人而言，对君上、朋友、下属等，都要忠实诚信。仁道广大无边，但归纳起来，不外对己、对事、对人这三者而已，能做到恭、敬、忠，便可算是实践了仁。而此三原则即使到了文化礼俗不同的夷狄之邦，也不可舍弃。

085

相关名言

◎待人当尽其忠而不可以欺，人我一致。欺人实所以自欺也。

——【明】薛瑄《读书录》

◎我相信哪里有真诚，哪里就会有同情和帮助。

——【德国】席勒

（十）

子贡问为仁①。子曰："工欲善其事，必先利其器②。居是邦也，事③其大夫之贤者，友④其士⑤之仁者。"

——《卫灵公》

章旨

孔子教子贡行仁在于师事贤大夫，结交仁士。

注释

①**为仁**：行仁，指培养仁德。

②**工欲善其事，必先利其器**：工匠想制作成精巧的器物，必须先磨利所使用的工具；此用以比喻欲培养仁德，必须要有明师益友的辅导切磋。

③**事**：师事，即尊奉之以得其教导。

④**友**：结交，即与其交往以互相切磋。

⑤**士**：指大夫的士，即已做官而位低于大夫的人。

解读

一个人要进德修业，固然有赖于自己本身的发奋图强，但良师益友的教导切磋也是不可少的，因为每个人的见识难免有其盲点，而且也会有松懈怠惰的时候，最需要师友的匡正，才能免于偏颇懒散。所以孔子要我们"事其大夫之贤者"，以鼓舞"见贤思齐"之心，并且"友其士之仁者"，以收"以友辅仁"（《颜渊》篇，曾子语）的功效。

相关名言

◎朋友是另一个自己。

——【古罗马】西塞罗

◎只要你告诉我，你交往的是些什么样的人，我就能说出你是什么人。

——【德国】歌德

（十一）

子张①问仁于孔子。孔子曰："能行五者于天下，为仁矣。"请问之②。曰："恭、宽、信、敏、惠。恭则不侮③，宽则得众④，信则人任⑤焉，敏则有功⑥，惠则足以使人⑦。"

——《阳货》

章旨

孔子教子张培养仁德在能实行恭、宽、信、敏、惠五种美德。

注释

①**子张**：姓颛孙，名师，字子张，陈人，孔子弟子。才貌过人，志向高远，好学善问，曾讲学于陈国。

②**之**：指五者的项目。

③**恭则不侮**：对人恭敬，就不会遭受侮辱。

④**宽则得众**：待人宽厚，就能获得众人的拥戴。

⑤**信则人任**：待人信实，就能获得信任、倚仗。

⑥**敏则有功**：做事勤敏，就会有功绩、贡献。

⑦**惠则足以使人**：待人慈惠，就足以役使治理人民。

解读

087

本章记孔子教导子张实行仁道的方法，并详细解说五种美德所产生的效果。孔子这一席话是从简约到详尽，纲举目张，极有条理。恭、宽、信、敏、惠五种美德，都是实际人生中待人处事的道理。一个有志之士，如果确实能做到这些，他就能够获得"不侮"、"得众"、"人任焉"、"有功"、"足以使人"的回报，如此必定能为国家社会做一番事业，成为既能修养自己，又能造福众人的仁者。

相关名言

◎恭以敬，可以执勇；宽以正，可以比众。

——《史记·仲尼弟子列传》

◎勤敏是好运之母。

——【西班牙】塞万提斯

（十二）

子贡曰："如有博施①于民，而能济众②，何如？可谓仁乎？"子曰："何事于仁③，必也圣乎！尧、舜其犹病诸④！夫仁者，己欲立而立人，己欲达而达人⑤。能近取譬⑥，可谓仁之方⑦也已。"

——《雍也》

章旨

孔子因子贡的发问，而论述圣人的境界和求仁的方法。

注释

①**博施**：广施恩德。

②**济众**：救济众人。

③**何事于仁**：何止于仁，即这哪里只是仁的事？

④**病诸**：为此感到遗憾。病，憾，心有所不足。诸，"之乎"的合音。

⑤**己欲立而立人，己欲达而达人**：自己想要能够依正道立身处世，也协助他人依正道立身处世；自己想要通达正道，也协助他人通达正道。此推己及人之意。

⑥**能近取譬**：能就近以自身做比喻，而推及他人，即能设身处地，为别人着想。此亦推己及人之意。

⑦**仁之方**：求仁的方法。

解读

孔子所说的仁是一个抽象的概念，表现在事功上，如果能做到"博施于民，而能济众"，这已经是超凡入圣的最高境界了。这种境界，即使是尧、舜也未必能百分之百达到。一般人想要实践仁道，则不必好高骛远，只要先修养好自己，再进而影响他人，如此推己及人，仁道其实是可行的。

相关名言

◎埋在地下的树根使树枝产生果实，却并不要求什么报酬。

——【印度】泰戈尔

◎你要别人怎么待你，就得先怎样待别人。

——【美国】卡耐基

（十三）

子夏曰："博学而笃志①，切问②而近思③；仁在其中矣。"

——《子张》

章旨

子夏指示求仁的方法。

上八章为孔门师弟子问答、谈论时，述及实践仁德的方法。

注释

①笃志：坚定志向。笃，坚定。

②切问：切实针对自己不明白的事理来请问。

③近思：就切近的问题来思考。

解读

本章子夏发扬孔子的学说，提出"博学"、"笃志"、"切问"、"近思"四项培养仁德的方法。他认为求仁应从博学入手，但博学未必有用，还要笃志，就是要有一个中心思想。切问、近思都是博学应有的功夫，内心有疑问，就要请教别人，再加上就切近的问题来思考，这样才有收获。《中庸》说："博学之、审问之、慎思之、明辨之、笃行之。"又说："力行近乎仁。"这些话和子夏的见解相同，只不过子夏没有提到"笃行"一项。学、问、思、辨的功夫，就是存养天理，孕育仁道，这是力行的根本。子夏的话，着重在涵养仁德的层次，所以说："仁在其中矣。"

相关名言

◎士人读书，第一要义，有志；第二要义，有识；第三要义，有恒。

——【清】曾国藩《曾国藩家书》

◎提出一个问题往往比解决一个问题更重要。

——【美国】爱因斯坦

（十四）

子曰："仁远乎哉①？我欲仁，斯②仁至矣！"

——《述而》

章旨

孔子言仁道离我们不远，求之不难。

注释

①**仁远乎哉**：仁道距离我们很远吗？指仁道，不待外求，离我不远。

②**斯**：代词，这，这个。

解读

孔子认为仁离我们不远，只要朝着这个目标前进，每个人都能做到。"我欲仁，斯仁至矣！""为仁由己，而由人乎哉？"（《颜渊》）孔子的话中，既指出道德修养必须依靠自觉，不能依靠外力；同时也指出只要自觉努力，人人都可以成为道德高尚的仁人，这对于我们道德修养是富于积极意义的。

相关名言

◎直接去追求一个明确的目标，绝不会误入歧途的。

——【英国】狄更斯

◎对真理和知识的追求，并为之奋斗，是人的最高品质之一。

——【美国】爱因斯坦

（十五）

子曰："当仁，不让于师[1]。"

——《卫灵公》

章旨

孔子勉人应该勇于行仁。

注释

①当仁，不让于师：面对行仁之事，不必对老师谦让。当，面对。

解读

平日当晚辈的人，要懂得谦让，如《为政》篇所说："有事，弟子服其劳；有酒食，先生馔。"这是基本的礼貌。但面对行仁之事时，就应该勇敢去做，即使对于老师，也不必谦让。因为行仁是一种自发性，有时有它的急迫性，故毋须谦让。孔子只举出师生这一层关系，说："当仁，不让于师。"但推其用心，则于众人自亦不必相让。孔子勉人实践仁道应当勇往直前，不必彷徨他顾，这是非常清楚的。

相关名言

◎虚假的谦让一出现，真正的谦让就及时消亡。

——【美国】马克·吐温

◎吾爱吾师，更爱真理。

——【古希腊】亚里斯多德

（十六）

子曰："富与贵，是人之所欲也；不以其道得之，不处也①。贫与贱，是人之所恶也；不以其道得之，不去也②。君子去③仁，恶乎成名④？君子无终食之间⑤违仁，造次⑥必于是，颠沛⑦必于是。" ——《里仁》

章旨

孔子言求富贵、去贫贱，皆当以其道，这才是行仁的方法，故君子随时随处皆应坚守仁道。

注释

①**不以其道得之，不处也**：不用正当的方法，虽获得富贵，也不愿享用。道，方法、途径；此指仁道。处，居处，有接受、享用之意。

②**不以其道得之，不去也**：不用正当方法以避免贫贱，则虽遭遇贫贱，只好安于贫贱而不逃避。去，逃避、丢弃。

③**去**：离开。

④**恶乎成名**：凭什么成就君子的美名？恶乎，凭什么。恶，音wū。

⑤**终食之间**：吃完一顿饭的时间，比喻短暂的时间。食，吃，作"终"的宾语。

⑥**造次**：急遽仓促的时候。

⑦**颠沛**：困顿流离的时候。

　　每个人都喜欢富贵，厌恶贫贱，孔子在本章中提出一个处富贵、去贫贱的基本原则，就是要"以其道"，这里的"道"，指的就是仁道。如果富贵的获得，不符合仁道，就不接受。相对地，如果不符合仁道以避免贫贱，即使遭遇贫贱，也安于贫贱而不逃避。孔子从正反两面反复申说，使语气增强，意义更加明显。

　　孔子先以处富贵、去贫贱为例，说明凡事皆要"以其道"；接着他将自己所主张的道指出来。孔子的道就是"仁"，所以他说："君子去仁，恶乎成名？"而且随时随处都要坚持仁道，不论任何情况皆不能违背。孔子的口气虽然令人感觉有点夸张，但仔细思考，何尝不应该如此？一个人的失节败名，往往都在一念之差，故我们岂可不仔细思考，认真奉行呢？

相关名言

◎非其道，则一箪食不可受于人。

——《孟子·滕文公下》

◎贫不足羞，可羞是贫而无志；贱不足恶，可恶是贱而无能。

——【明】吕坤《呻吟语》

（十七）

有子①曰："其为人也孝弟②，而好犯上③者，鲜矣；不好犯上，而好作乱④者，未之有也⑤。君子务本⑥，本立而道生⑦。孝弟也者，其为仁⑧之本与？"

——《学而》

章旨

有子勉人务孝悌以行仁。

上四章勉人以孝悌为本，努力行仁，时时刻刻皆不违离仁道，以修养自己，成为有道的君子。

注释

①**有子**：姓有，名若，鲁人，孔子弟子。知礼善言，貌似孔子。

②**孝弟**：孝顺父母，善事兄长。弟，通"悌"，音tì，敬爱兄长。

③**犯上**：冒犯长上。

④**作乱**：做悖乱法纪的事。

⑤**未之有也**：即"未有之也"，指不会有犯上作乱的事情发生。

⑥**务本**：专心致力于根本。务，专力。

⑦**本立而道生**：根本已经建立，则仁道即可由此而循序培养产生。本，依下文，乃指孝悌。

⑧**为仁**：为，略等于"是"。仁，指仁爱，行仁。。

解读

本章记录有子对孔子仁道思想的体验和发挥，认为实践仁道必须从孝悌入手。遵从孝悌，就不会冒犯父兄，也就不会犯上、作乱。也指出家庭伦理对于安定社会秩序的重要作用。

"仁"是孔子的中心思想，它统摄诸德，涵盖所有的人际关系。在所有人际关系中，父母子女、兄弟姊妹之间是最亲近的血缘关系，是与生俱来，无法割绝的，因此子女对父母的孝顺，是人间至爱的表现，弟妹对兄长的尊敬，是人间至情的流露。这都是最自然、最原始的感情，也是仁道实践的基础，做人的根本。有子说："孝弟也者，其为仁之本与！"是相当有见地的。

相关名言

◎孝道之美，百行之本。

————《白虎通义》

◎有办法把家庭治理好的人，一旦国家有难，必能成为有作用的人。

————【古希腊】索福克勒斯

问题与讨论

一、孔子将仁提升为众德的总称，据本单元所述，仁能涵摄哪些德行？

二、孔子说："志士仁人，无求生以害仁，有杀身以成仁。"试就所知举两位人物以为例证。

三、孔子回答弟子问仁，为何说法不同？请加以说明。

四、孔子认为政治事功的表现也是仁，你是否同意？请说出理由。

五、有子说："孝弟也者，其为仁之本与！"孝弟为何是行仁的根本？

六、孔子论仁不从理论出发，而重在实践。在日常生活中，我们应如何去实践仁道？

让生命绽放爱的光辉

——特蕾莎修女

"我们都不是最伟大的人，但我们可以用伟大的爱来做生活中每一件最平凡的事。"这是特蕾莎修女对自己和对他人的勉励。

1910年，特蕾莎修女出生于前南斯拉夫，她家境并不富足，但父慈母爱，手足亲睦。12岁时，她感到自己未来的职业是帮助穷人。15岁时，她决定为自己即将从事的职业接受训练。此后，她的一生都在"为穷人中的穷人服务"。她甚至要求自己也成为穷人：只有三套衣服；不穿袜子，只穿凉鞋；除了电灯以外，家中唯一的电器是电话。她解释说："要爱穷人，了解穷人，我们自己也必须是穷人。"

40岁时，特蕾莎修女创办了印度爱德修女会。她为爱而来，背后没有达官显要的支持，也没有社会名流的慷慨赞助，她只是单纯地依靠自己那无限而坚韧的爱。如今，这个机构在全球100多个国家建立了500多家收容所、孤儿院和艾滋病中心，数以百万计的人从中得到帮助。

有一次，特蕾莎看到一位老妇人正在一个垃圾桶边痛苦地呻吟，老妇人浑身爬满了蚂蚁，头上好像还被老鼠咬了一个洞。特蕾莎不顾一切地抱起她直奔医院，老人得救后，特蕾莎决定创建一所"临终关怀院"。临终关怀院中有个老乞丐，被发现的时候正躺在水沟里，两腿长满了蛆，瘦得不成人形。在临终关怀院里，老人被全面照顾，精心呵护，最后安详而逝。临死之前，他感慨道："我是个乞丐，你们却让我死的时候像个天使。"

黎巴嫩战火纷飞之际，特蕾莎协助被击毁的依拉斯美亚医院救出了37名弱智及伤残儿童。埃塞俄比亚受灾时，特蕾莎夜以继日地帮助医务人员照顾病人。当艾滋病像野火一样在欧美蔓延时，特蕾莎前往纽约，宣传艾滋病的危害及防治措施，并协助医务人员护理病人。

1979年，诺贝尔委员会从56位候选人中选出了特蕾莎并把诺贝尔和平奖这项殊荣授予了这位除了爱而一无所有的修女。特蕾莎获得此奖没有任何人反对，每一位评委都对她心悦诚服，她也成为诺贝尔和平奖历史上最没有争议、最令人欣慰的获奖者之一。

不管怎样

—— 特蕾莎修女

人们经常是不讲道理的、没有逻辑的和以自我为中心的，

不管怎样，你要原谅他们。

即使你是友善的，人们可能还是会说你自私和动机不良，

不管怎样，你还是要友善。

当你功成名就，你会有一些虚假的朋友和一些真实的敌人，

不管怎样，你还是要成功。

即使你是诚实的和率直的，人们可能还是会欺骗你，

不管怎样，你还是要诚实和率直。

你多年来营造的东西，有人在一夜之间把它摧毁，

不管怎样，你还是要去营造。

如果你找到了平静和幸福，他们可能会嫉妒你，

不管怎样，你还是要快乐。

你今天做的善事，人们往往明天就会忘记，

不管怎样，你还是要做善事。

即使把你最好的东西给了这个世界，也许这些东西永远都不够，

不管怎样，你还是要把最好的东西给这个世界。

你看，说到底，它是你和上帝之间的事，

而决不是你和他人之间的事。

1.【2010年中山大学自主招生题】

谈谈对孔子"己欲立而立人,己欲达而达人"这句话的理解。

答:＿＿＿＿＿＿＿＿＿＿＿＿＿＿＿＿＿＿＿＿＿＿＿＿＿＿＿

＿＿＿＿＿＿＿＿＿＿＿＿＿＿＿＿＿＿＿＿＿＿＿＿＿＿＿＿＿＿＿＿

＿＿＿＿＿＿＿＿＿＿＿＿＿＿＿＿＿＿＿＿＿＿＿＿＿＿＿＿＿＿＿＿

＿＿＿＿＿＿＿＿＿＿＿＿＿＿＿＿＿＿＿＿＿＿＿＿＿＿＿＿＿＿＿＿

2.【2012 "北约" 自主招生题】

断句并翻译划线句子。

　　孔子曰:"赐不受命而货殖焉,亿则屡中。"罪子贡善居积,意贵贱之期,数得其时,故货殖多,富比陶朱。然则圣人先知也,子贡亿数中之类也。圣人据象兆原物类意而得之其见变名物博学而识之巧商而善意广见而多记由微见较若揆之今睹千载所谓智如渊海孔子见窍睹微思虑洞达材智兼倍强力不倦超逾伦等耳目非有达视之明知人所不知之状也使圣人达视远见洞听潜闻与天地谈与鬼神言知天上地下之事乃可谓神而先知与人卓异今耳目闻见与人无别遭事睹物与人无异差贤一等尔何以谓神而卓绝?

　　【注释】①赐:端木赐,字子贡,孔子弟子。善辩有干才,善经商,富致千金。②陶朱:即范蠡,曾辅佐越王勾践灭吴。功成身退,经商积巨万,人称"陶朱公"。③较:通"皎",显著,明显。

3-4.【2012年高考语文浙江卷】

阅读下面的文字,完成3-4题。

　　《论语·乡党》:"厩焚。子退朝,曰:'伤人乎?'不问马。"

这段文字,据唐人陆德明《经典释文》所引的一种句读可以标点为:

　　"厩焚。子退朝,曰:'伤人乎?''不。'问马。"

3. 分别指出上面两种不同标点的引文中孔子对人、马的态度。

答:(1)＿＿＿＿＿＿＿＿＿＿＿＿＿＿＿＿＿＿＿＿＿＿＿＿＿＿

(2)＿＿＿＿＿＿＿＿＿＿＿＿＿＿＿＿＿＿＿＿＿＿＿＿＿＿

4. 对照孔子的仁爱观,谈谈你对后一种句读的看法。

答:＿＿＿＿＿＿＿＿＿＿＿＿＿＿＿＿＿＿＿＿＿＿＿＿＿＿＿

＿＿＿＿＿＿＿＿＿＿＿＿＿＿＿＿＿＿＿＿＿＿＿＿＿＿＿＿＿＿＿

引　言

　　传统的中国社会，在经济方面是以农立国，在家庭制度方面是聚族而居。农作有赖于众人的合作，家族成员必须和睦相处，如此家道才能维持不坠，所以对于人伦关系特别注重。孝即是一切人伦的根本，因而中国人一向强调"百善孝为先"，期望能在孝的基础上培养出各种善行。

　　孝为善事父母的表现，出于自然的爱心，是人际关系中所有感情的出发点。人能扩充敬爱父母之心，推而及于兄弟、夫妇、朋友、君臣各种关系，然后才能循序达到"老吾老以及人之老，幼吾幼以及人之幼"的理想境界。因此历代圣贤、帝王莫不标榜以孝教化、治理天下，视孝为至德要道。

　　现今我们已由农业社会转为工商业社会，家族的体制也被小家庭制度取代，但人与人之间的互动则日益频繁，人际关系较以往复杂，对于人伦的讲究也就更为迫切。因此像古代"不孝有三，无后为大"、"扇枕、温席、尝药"等某些孝亲的观念或行孝的方式，都已有所改变，但是尊亲、悦亲、养亲的孝道精神，还是应该重视并加以发扬光大的。

（一）

孟懿子①问孝。子曰："无违②。"樊迟御③，子告之曰："孟孙④问孝于我，我对曰：'无违。'"樊迟曰："何谓也？"子曰："生，事之以礼⑤；死，葬之以礼，祭之以礼。"

——《为政》

章旨

孔子答孟懿子问孝，指出行孝不可违背礼制。

注释

①**孟懿子**：鲁大夫仲孙氏，名何忌，谥号懿。《左传·昭公七年》记载：其父孟僖子仲孙貜将死，遗命何忌向孔子学礼，孔子称其为君子。

②**无违**：指不违背礼。无，通"毋"，不要。

③**御**：驾车。在此指为孔子驾车。

④**孟孙**：即仲孙。

⑤**事之以礼**：即"以礼事之"。依一定的礼节侍奉他们。事，侍奉。之，指父母。以礼，依照礼制。古代的礼制，依身分的不同，而有一定的等级和差别，天子、诸侯、大夫、士、庶人各有不同。以，依循、按照。

解读

本章记孔子借孟懿子的问孝以说明依礼尽孝的道理。其问答的方式前略后详。其中"无违"二字，透过孔子告诉弟子樊迟的话，方知是"无违于礼"的意思。

孔子所谓依礼而行的孝道，据宋邢昺的《论语·疏》，其具体内容是这样的："生，事之以礼"是指冬天为父母温暖被褥，夏天为父母扇凉床席，使他们有安定的睡眠，早晚向父母请安之类；"死，葬之以礼"是指当父母去世后，要为他们准备棺木寿衣，选择良好的墓地安葬；"祭之以礼"是指在春秋两季时，要陈设祭品，祭祀父母的亡灵，以表示追思孺慕的心情。其中有些行礼的方式，随着时代的演进，已有所改变，但子女对父母的关心照顾与应尽的礼节，是不能忽略的。

相关名言

◎孝子之事亲也，有三道焉：生则养，没则丧，丧毕则祭。

——《礼记·祭统》

◎孝子之于亲也，生则有义以辅之；死则哀以莅焉；祭祀则莅之以敬。

——【明】曾承业编《曾子全书》

（二）

孟武伯①问孝。子曰："父母唯其疾之忧②。"

——《为政》

章旨

孔子教人善体亲心，珍重自爱。

注释

①**孟武伯**：孟懿子之子仲孙彘。武，谥号。

②**父母唯其疾之忧**：意即"父母唯忧其疾"，父母只担忧子女生病。唯，通"惟"，只、仅。其，指子女。之，语助词，表宾语提前。

解读

孔子这句话有两种解说：一是子女非常担忧父母生病；一是父母只为子女的疾病担忧（不必担心其他的行为）。但从《左传》上的记载得知，孟武伯是个横行霸道，勇猛不讲理的人，容易招惹祸端。故以第二种解释较有深意。

就今日而言，我们不但要懂得保健之道，不要生病，而且更要对自己的行为负责，不作奸犯科，不做危险的事。这也是行孝的方法之一。

相关名言

◎保此身以安父母心，做好人以继父母志，便是孝。

——【明】彭端吾《彭氏家训》

◎尽孝是要子女爱护自身，并谋求自我的充分发展。

——黄坚厚

（三）

> 子游^①问孝。子曰："今之孝者，是谓能养^②。至于犬马，皆能有养^③；不敬，何以别乎？"

——《为政》

章旨

孔子言孝，以为在饮食的奉养之外，更要注重内心的诚敬。

注释

①**子游**：姓言，名偃，字子游，吴人，孔子弟子。熟习礼学，以礼乐教化百姓。

②**是谓能养**：这叫做以饮食奉养父母。是，作"这"字解。养，音 yàng，奉养。

③**至于犬马皆能有养**：至于犬马，也都能供给食物奉养人。

解读

反哺报恩，奉养父母，乃天经地义的责任。但是，一般人以为只要给父母丰富的食物吃、华美的衣服穿、舒适的房子住，就算是已尽到孝道。殊不知，孝是要体察父母的心意，用真挚的感情对待，以恭敬的态度奉养，如此才能使父母喜悦欢乐，这才是尽孝。

对于看门的狗、乘骑的马，它们都会给与食物，倘若对父母不敬，就跟犬马没有什么分别了。孔子这一番比喻是相当痛心的，值得我们反省。

相关名言

◎食而弗爱，豕交之也；爱而弗敬，兽畜之也。

——《孟子·尽心上》

◎孝有三：大孝尊亲，其次弗辱，其下能养。

——《礼记·祭义》

（四）

子夏问孝。子曰："色难①。有事,弟子服其劳;有酒食,先生馔②。曾③是以为孝乎？" ——《为政》

章旨

孔子教导子夏:孝亲应该和颜悦色,使父母高兴。若仅服劳、奉养,还不算是孝。

注释

①**色难**:侍奉父母,以和颜悦色最为难得。色,指和颜悦色。难,不容易。

②**"有事,弟子服其劳"四句**:有事时,由子弟效劳;有酒饭时,让父兄享用。弟子,即子弟（为人子、为人弟者）。服,从事。食,音sì,饭食。先生,指父兄。馔,音zhuàn,食用。

③**曾**:音zēng,乃、则、就。

解读

本章的重点在于"色难"二字,意味侍奉父母,和颜悦色最为难得。

一般人以为:家中有事,做子弟的为父母操劳;有美味酒食,先让长辈享用,就算尽到孝道。但孔子认为这只是奉养之常事,是为人基本上应有的表现,最难得的是侍奉父母时,无论言语动作,都要流露出和悦的脸色。

上章子游问孝,孔子以为口体之养外,必须有敬爱之心。此章子夏问孝,孔子以为代劳、供奉饮食外,必须和颜悦色。敬爱发自内心,和颜悦色是外在的态度,两者都是孝道的实质。

103

相关名言

◎孝子之有深爱者,必有和气;有和气者,必有愉色;有愉色者,必有婉容。

——《礼记·祭义》

◎善养亲之志者,必先和其色。

——【北齐】龙延之《论语说》

（五）

子曰："事父母，几谏①；见志不从，又敬不违②；劳③而不怨。"

——《里仁》

章旨

孔子教人劝谏父母应有的态度。

注释

①**几谏**：以委婉的言语、态度劝谏。几，音jī，轻微，引申有委婉之意。

②**见志不从，又敬不违**：见父母的心意并不接纳劝谏，仍须态度恭敬，不敢违逆。志，意旨。

③**劳**：劳苦。

解读

虽说"天下无不是的父母"，但人非圣贤，孰能无过？父母也是人，难免也会有过失。这时做子女的应该如何去面对呢？本章里，孔子告诉我们：要委婉地劝谏，如果父母执意不听，仍要恭敬不可违背，虽然劳苦，但不可有怨恨的言语或表情。

向父母劝谏，这是颇具高难度的沟通技巧。不过，只要我们费点心思，诚恳恭敬地表达，父母大致都能接受的。就是有时基于面子，放不下身段，多少或迟早还是会有些影响的。千万不可太过急切，犯颜直谏，甚至于恶言相向，如此不但有伤恩情，往往还会造成不可弥补的憾恨。

相关名言

◎父有争子，则身不陷于不义。

——《孝经·谏诤章》

◎父母有过，下气怡色，柔声以谏；谏若不入，起敬起孝，说则复谏。

——《礼记·内则》

（六）

曾子①有疾，召门弟子曰："启②予足！启予手！《诗》云：'战战兢兢，如临深渊，如履薄冰。'③而今而后④，吾知免夫⑤！小子⑥！"

——《泰伯》

章旨

此章言曾子戒惧谨慎，保全身体，克尽孝道，并示诸门人。

上六章皆论孝之语。孝既为行仁之本，百善之先，故孔门师生极为重视，所述皆在于如何践履孝道。

注释

①**曾子**：姓曾，名参，字子舆，鲁人。与其父曾皙皆为孔子弟子。事亲至孝，志节坚毅，能悟孔子一贯之旨，后世尊为宗圣。

②**启**：开，此处指揭开被子来看。

③**诗云四句**：比喻自己常抱持恐惧戒慎的心情，如面临深渊而恐坠落，如足履薄冰而恐陷溺，不敢稍有懈怠。语出《诗经·小雅·小旻》。战战，恐惧战栗的样子。兢兢，戒慎小心的样子。

④**而今而后**：从今以后。

⑤**免夫**：指免于毁伤。夫，犹白话的"啊"，句末语气词。

⑥**小子**：指弟子，此处为老师对学生的称呼。

解读

此章记载曾子临终时的场面，言简意赅，可谓很好的记叙典范。

曾子是有名的孝子，他笃行孝道，深受孔子影响。在《孝经·开宗明义》章，孔子即告诉他说："身体发肤，受之父母，不敢毁伤，孝之始也。"他躬行实践，临终时，还要学生们看看他的手脚，都没有毁伤，达成"父母全而生之，子全而归之"的心愿。也以此教诲学生要"战战兢兢，如临深渊，如履薄冰"那样小心谨慎地为人，以免招祸患而受刑戮，真是语重心长！

古代刑罚严酷，举凡墨（在罪人的前额刺字，染成黑色）、劓（音yì，割鼻）、刖（音yuè，砍断双脚）、宫（割去男人的外生殖器）、大辟（死刑）等五刑，都足以毁伤身体，一旦言行不慎，触犯刑罚，不仅辱身亏体，更使父母伤心，当然是不孝之甚。

相关名言

◎天之所生，地之所养，人为大矣。父母全而生之，子全而归之，可谓孝矣。

——《大戴礼记·曾子大孝》

◎一朝之忿，忘其身，以及其亲，非惑与？

——《论语·颜渊》

（七）

曾子曰："慎终①追远②，民德归厚③矣！"

——《学而》

章旨

曾子言在位者能尽孝不忘本，则人民受到感化，风俗道德自然归于淳厚。

由此章可见实践孝道，可以循序培养诸德，并进而教化人民，使民德趋于淳厚。

注释

①**慎终**：敬谨依礼办理丧葬事宜。终，人死曰终。

②**追远**：诚敬祭祀祖先，表达追思之意。远，指祖先。

③**民德归厚**：人民的道德趋于淳厚。归，趋向。

解读

从本章下句中的"民"字，可知"慎终追远"的要求，是从在位者或国君做起的。

"慎终"就是以敬慎的心情办理父母的丧事，"追远"就是以不忘本的心情祭拜列祖列宗。两者都是孝道的表现，能"慎终追远"就能唤起我们饮水思源，不忘根本的精神。

如果在上位者能懔然于这种无可推卸的责任与使命，则百姓受到感化，将能转移浇薄的风俗，培养仁厚的道德。今天清明节扫墓，其意义也就在此。

107

相关名言

◎风俗之厚薄奚自乎？自乎一二人心之所向而已。

——【清】曾国藩《原才》

一、 古人说："百善孝为先"、"求忠臣于孝子之门"，这样的观念和做法是否正确？请发表意见。

二、 孟子说："不孝有三，无后为大。"（语出《孟子·离娄上》，赵岐《注》："于礼有不孝者三事：谓阿意曲从，陷亲不义，一不孝也；家贫亲老，不为禄仕，二不孝也；不娶无子，绝先祖祀，三不孝也。三者之中，无后为大。"）你的看法如何？

三、 孟懿子、孟武伯、子游、子夏问孝时，孔子的回答都不一样，请说出各章要点。

四、《孝经》云："身体发肤，受之父母，不敢毁伤，孝之始也。"对此你有什么看法？

五、 请简述几则孝顺的故事，并发表自己的感想。

六、 你认为哪些孝行是你已经做到的？还有哪些是应该再加强的？请自我反省并提出与同学互相勉励。

老吾老以及人之老

—— 替牺牲战友尽孝的李彬

孟子在描述他心目中的理想社会时说："老吾老以及人之老，幼吾幼以及人之幼。"这与孔子对大同之世的理解"人不独亲其亲，不独子其子，使老有所终，壮有所用，幼有所长，矜寡孤独废疾者皆有所养"的思想是一脉相承的。这无疑是我中华民族长期一贯的传统博爱思想。这爱的薪火，正被众生虔诚相传。

李彬，江都妇幼保健院医生、保卫科长，在对越自卫反击战中荣立二等功。退伍20多年来，他不忘为国捐躯的战友，为牺牲战友扫墓，苦苦寻找烈士家属，先后认了18个"爹娘"，像儿子一样替牺牲战友尽孝道。中央电视台两度专题报道他的事迹，2009年他被表彰为"全国优秀复员退伍军人"。

在李彬的案头，常年放着一本眼下已是泛黄的战地日记，每次翻开日记本，过往的硝烟战火、战友亲情恍若眼前。那是对越自卫反击战开战后的一天，随着边境线上响起的隆隆炮声，52号高地即将打响一场攻坚战，但先遣分队开路时突然发现前进道路上隐藏一颗连环雷，如果不排除，势必会给主力部队造成重大伤亡。当时，距总攻发起时间仅有5分钟。某部代理排长沈国良二话没说，快步上前排险，他排除一颗地雷却引爆了另一颗地雷，不幸当场牺牲。历经整个抢救、包扎过程的李彬被战友的牺牲精神深深震撼了……

很快，李彬走下了战场，退伍回乡，并被安排在江都市妇幼保健院工作。一有空，李彬总习惯翻翻当年的日记，牺牲战友的音容笑貌始终挥之不去。一次，李彬在烈士陵园与烈士樊俊的父亲樊永宽偶然相遇，此情此景让他当即认下这个爸爸。

回到家，李彬很快有了一个想法，寻找牺牲战友的父母，沈国良父母成了第一个目标。当初，他只知道沈国良是镇江市人，几次写信到镇江市查寻均无果。1997年春节，他从战友处得知，沈国良是镇江市丹徒县人，就立即与丹徒县有关部门联系，几经辗转，终于踏进烈士的家门。得知李彬多年寻找并想拜认他们为爸妈，烈士父母感动得泪水涟涟。2004年5月，李彬了解到当年负伤后仍奔赴战场最后与敌人同归于尽的战友金德荣烈士是宝应县人。当天，李彬就赶到宝应县射阳湖镇看望烈士父亲金占喜，并认下第三个"爸爸"……就这样，18年下来，李彬不断努力寻找烈士的父母，先后认了18位爸妈。于是，每逢节假日，李彬不是奔波在去往牺牲战友父母家的路上，就是已经坐在战友家中，陪其父母聊天谈心了。为照顾烈士父母，宣扬烈士事迹，李彬花费了不少钱。对此，李彬只有一句话：假如当年在战场上牺牲的是自己，活着的战友也一定会像他现在这样做！

历届大考试题

1.【2010年高考语文陕西卷】

下面是关于"感恩教育"的评论文章中的一段文字。请根据上下文，补写画线处的内容。要求紧扣主题，语意连贯，表达明确，每处不超过15个字。（5分）

近年来，不少学校开展的感恩教育活动都要求学生给父母洗一次脚。这引发了有关人士的质疑：　①　？中华民族是一个有着数千年文明史的伟大民族，知恩图报是我们的传统美德。　②　无疑是正确的，但是，如果不考虑学生的年龄以及生理与心理的差异和特点，只是简单地采取　③　，恐怕不但达不到预期的教育效果，　④　。感恩教育是一项长期的工作，而且涉及到很多方面，它需要　⑤　。

2.【2010年高考语文重庆卷】

根据下面的情景和要求，代拟一段对话。

情景：一青年学生与一老教师相约登山，各负一行囊。学生要替老师背负。老师婉拒，学生坚持。要求：(1)老师要说出婉拒的理由，学生坚持的理由要有针对性；(2)符合情景与身份，语言得体。

老师婉拒说：_____

学生坚持说：_____

论道德修养（选二十四章）

引　言

　　道德源于人类向善之心与追求理想的本性，是人之所以为人的根本。它不仅是我们日常生活的常规，也是社会大众行为的轨范。文明的进步发展，社会的安定和谐，都与道德心的发达有莫大的关系。所以古今中外的教育家，无不强调道德的重要。孔门之教以做人为先，故对于道德修养特别重视。

　　仁为全德之称，孝乃行仁之本。尽孝则能循序培养诸德，以进于仁的境界，故仁、孝皆属道德修养之事。以其特别重要，因此特别提列于前论述。本单元所揭示者约可分为三项来说明：一、勉励我们要修德进德——"同声相应，同气相求"，有道德的人是不会孤立的；而巧言、乡愿、浮躁不忍、道听而途说、见义而不为，都是有碍道德修养的行为。二、修己方面——要自我反省、见贤思齐、责己严格，不可重利招怨；察人善恶也要审慎明辨。三、善群方面——要待人宽厚、忠告善导、以友辅仁、"己所不欲，勿施于人"。如此尽其在我，随时修养自己，充实自己，黾勉努力。苟能修德以达道，则此生可以了无憾恨。

　　有道德修养的人，自有其高尚的人格。孔子说："仁者不忧，智者不惑，勇者不惧。"孟子说："富贵不能淫，贫贱不能移，威武不能屈。此之谓大丈夫。"这都是道德修养有成者的写照。如此，则人生虽然短暂，却能显现人性的尊严，焕发生命的光辉。

（一）

子曰："德①不孤，必有邻②。"

——《里仁》

章旨

孔子说明德的效应。

由此章可见孔子意在勉人修德。

注释

①德：在此指有道德的人。

②邻：本意为邻居，这里指"亲近之者"。

解读

在孔子的思想里，道德是一种无形的、潜在的力量，它能在人与人之间，产生极大的感应力。这种感应力，乃来自"同声相应，同气相求"（《周易·乾卦·文言》）的自然现象。就如同秋夜长空，一声雁鸣，群雁皆响应一样。

因此，一个政治领袖，具有崇高的道德，将对人民产生莫大的号召力，使人民心悦诚服，欣然归附。一个人，具有良好的道德修养，必有志同道合的朋友，乐与之亲近，与他倾心交往。如此一个有道德的人，又怎会孤单寂寞呢？

相关名言

◎桃李不言，下自成蹊。

——《史记·李将军列传》

◎有德之士，如夏日之荫，冬日之炉，不求亲人而人自亲之。

——【明】庄元臣《叔苴子·外编》

（二）

子曰：“巧言乱德①。小不忍②则乱大谋③。”

——《卫灵公》

章旨

孔子指出巧言及小不忍的弊害。想要进德、成事，当辨言、忍性。

注释

①**巧言乱德**：花言巧语，混淆是非；如轻易听信，将被其所惑，而丧失所守，坏乱德行。

②**小不忍**：小小的不忍心。

③**大谋**：大计划、大事。

解读

本章谈巧言与小不忍之害。

“巧言”是指花言巧语。孔子对一个人的评论，深以巧言、令色为耻，认为这种人很少有仁心。他说：“巧言，令色，鲜矣仁。”（《学而》）因为一个只善于言语的人，往往利口辩捷，搬弄是非，混淆视听，扰乱人心常存的德性。

“小不忍”指要摒除那些小小的仁慈。“忍”是情感意志的修为与锻炼，这种修为与锻炼，是坚毅果决的表现。所以小不忍就会把大事弄砸，导致功败垂成，甚且丧失生命。

> **相关名言**
>
> ◎成就伟大的事功者，不在力量，而在忍耐。
>
> ——【英国】詹逊

113

（三）

子曰："乡原①，德之贼也②。"

——《阳货》

章旨

孔子痛责乡愿之败坏道德。

注释

①**乡原**：一乡都以为是善人，其实乃同流合污、取媚于世的伪君子。原，音yuàn，通"愿"，善。本为谨厚之意，并非恶词，但上加"乡"字，意乃别有所指。

②**德之贼也**：（是）道德的破坏者啊。贼，指破坏者。

解读

乡愿是指貌似忠厚，而内心不诚实，却往往被乡人所推崇的伪君子，也就是所谓的好好先生。这种人，似是而非，善恶不明，最能扰乱人间的正义，破坏道德的标准，故孔子以为他是戕害道德的蟊贼而深恶之。

在《孟子·尽心下》，曾解释乡愿具有四个特点：第一、非之无举也，刺之无刺也——找不到明显的缺点；第二、同乎流俗，合乎污世——没有立场，与坏人同流合污；第三、居之似忠信，行之似廉洁——具有忠信廉洁的美名，而无其实；第四、众皆悦之，自以为是，而不可与入尧舜之道——能讨人喜欢，却不是正人君子。像这种圆滑巧伪的人，还有什么善恶是非的观念呢？

相关名言

◎伪善正如假币，也许可以购取货物，但也贬低了事物的真正价值。

——【英国】培根

◎虚伪是一种时髦的恶习，而任何时髦的恶习，都可以冒充道德。

——【法国】莫里哀

（四）

子曰："道听而涂说①，德之弃也②。"

——《阳货》

章旨

孔子批评妄听妄传不实之言的人，是为有德者所弃的行为。

注释

①**道听而涂说**：在道路上听闻某事，不加思辨，不问确实与否，就妄加传述。而，连词，就。涂，通"途"。

②**德之弃也**：（是）为有德者所弃的行为。

解读

道听途说，即听了别人的话，不加求证就向别人传述。孔子表示反对，以为这种人是有德者所抛弃的人，因为这种"马路新闻"，未经自己体会奉行，或未经求证，捕风捉影，往往是无稽之谈。

一个人道听途说的因素，除别具用心者，利用造谣以中伤别人之外，可能尚有不智、爱炫的成分在内。只有一个有智慧、有判断力的人，才不至于以讹传讹，或者受人利用。今天传播事业发达，利用媒体放话者不少，允宜慎思明辨才行。

相关名言

◎话未出唇前，应先通过三关。第一关要盘问：是真话吗？第二关要盘问：一定要说吗？第三关要盘问：会伤人吗？

—— 伊斯兰谚语

115

（五）

子曰："非其鬼①而祭之，谄②也。见义不为，无勇也。"

——《为政》

章旨

孔子告诫人宜祭其所当祭，并且应见义勇为。

上四章列举各种有碍于道德修养之事，有警惕人勿犯勿蹈之意。

注释

①**非其鬼**：不是应该祭祀的鬼。鬼，人死称鬼，一般指已死的祖先而言。

②**谄**：音chǎn，谄媚、讨好。

解读

本章分两部分说，"非其鬼而祭之"是不当祭而祭；"见义不为"是当为而不为。两者皆不合宜的事。

古代称人死为鬼，此泛指已死的祖先。古人祭祀鬼神，主要是在于表达对祖先的敬畏、感恩、怀念之意，其次在于祈福、避祸、禳（音ráng，古代除邪消灾的祭祀）灾，为人情所不能免者，这也是正当的礼数。但是祭祀不该祭祀的鬼神，心存侥幸，动机不纯正，因此孔子认为这是一种谄媚的行为。

事有当为，也有不当为的。合于义的，合乎正道的，就应该无畏无惧地去做。反之，犹疑推却，袖手旁观，这是懦弱的表现。因此孔子认为这不是勇者的行为。

相关名言

◎神不歆非类，民不祀非族。

——《左传·僖公十年》

116

（六）

子曰："已矣乎①！吾未见能见其过而内自讼②者也。"

——《公冶长》

章旨

孔子感叹一般人有过失却不能自责。

注释

①**已矣乎**：算了吧！已，止。矣、乎，皆语助词，"矣"相当于"了"，"乎"表示感叹之深。

②**内自讼**：内心自我责备。讼，争论是非曲直。这里指责备。

解读

人不可能不犯错，犯了错而自己能察觉的人，已经很少了。尤其是发现自己犯错，能深切自责而悔悟的更少。所以孔子怀着无限感慨的心情，发为浩叹。

由此章可知改过的修养功夫，首先要能"见其过"，其次要能"内自讼"。"见其过"要低头服输，省察自己；"内自讼"当战胜自己，根除己过。

人必须要能反求诸己，有忏悔的意念，才能真正地改过。否则，即使皈依佛门，或受洗于基督，也只是逃避罪恶，蒙骗世人而已。

相关名言

◎原谅他人的错误，不一定全是美德；漠视自己的错误，倒是一种最不负责任的释放。

——三毛

◎对可耻行为的追悔是对生命的拯救。

——【古希腊】德谟克利特

（七）

子曰："过而不改，是①谓过矣。"

——《卫灵公》

章旨

孔子勉人改过；认为有过不改，才是真正的过失。

注释

①**是**：此，指"过而不改"。

解读

没有人从来不跌跤，也没有人从来不犯过。因此，古圣先哲都不强调无过，只是极力劝勉人改过。古人云："人非圣贤，孰能无过？过而能改，善莫大焉。"就是这个道理。

其实，时时反省自己，改正过失，固然非常难得；但更重要的是在改过以后，能不再犯同样的过失，使自己的过失日渐减少。另方面又能积极地积善成德，抱着"闻一善言，见一善行，行之唯恐不及"的态度，就更为可贵了。

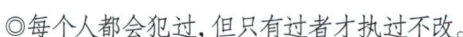

相关名言

◎每个人都会犯过，但只有过者才执过不改。

——【古罗马】西塞罗

◎错误最多的人，是那些犯了错而却不承认错误的人。

——【法国】拉罗什富科

（八）

子曰：“见贤思齐①焉，见不贤而内自省②也。”

——《里仁》

 **章旨**

孔子勉人要效法贤者，见不贤者则要自我反省。

 **注释**

①**思齐**：希望自己与贤者等齐，同样具有美德善行。

②**内自省**：内心自我省察（恐怕自己也有同样的恶）。

 **解读**

本章说明人可以取别人的优点作为自己的表率，也可以借别人的缺失从事反省，以为效法或鉴戒。善善恶恶，是我们的本性，从同情心的理解、同理心的认知，我们可以感同身受自己经验以外的事物。如此一来，别人的善，可以使我们鼓舞奋起；别人的恶，也可以使我们反省警惕。

“见贤思齐，见不贤而内自省”并不限于眼前所见的时人，即使书本中所读到的、别人口头所传述的古人或外国人，亦复如是。这样，我们效法或作为鉴戒的范围就能十分广泛，而有裨于进德修业了。

119

相关名言

◎见善如不及，见不善如探汤。

——《论语·季氏》

◎善人者，不善人之师；不善人者，善人之资。

——《道德经》

（九）

曾子曰："吾日三省吾身①：为人谋而不忠乎②？与朋友交而不信③乎？传不习乎④？" ——《学而》

章旨

曾子自述其每日以为人谋、与朋友交、习所传三事分三次来反省自己。

上四章言行己之道在能自我省察，知过而改。

注释

①**三省吾身**：三次省察自己的言行。三，音sān，三次。省，音xǐng，省察、反省。身，指自己而言。

②**为人谋而不忠乎**：替人谋划事情，是否有不尽心尽力之处？为，音wèi，替、代。谋，谋划事情。忠，尽己。

③**信**：信实。

④**传不习乎**：将要传授给人家的学业，是否熟习呢？传，指老师所传授的课业。习，熟习、研习。

解读

"忠"是尽己之心，指对人对事尽心尽力的表现。"信"就是诚实不欺，言行一致，是人与人之间相处的重要原则。孔子教人，以"忠信"为社会生活的重要德目，所以屡次以"忠信"并举。曾子以"忠信"自励，可见他能深体孔子教学的旨意。至于"传不习乎"的"习"，不仅指《诗》、《书》、《礼》、《乐》的研习，更包括做人做事的实践在内。

孔门学问的内涵，以道德的实践为基础，其过程包含深刻的体验与反省，由本章可知，曾子对孔子学说所以领悟深切，就是由实际的体验与反省中得来。

相关名言

◎君子以反身修德。

——《周易·蹇卦》

◎人的真正完善在于尽早达到自觉的境界。

——【英国】葛德文

（十）

子曰：“古者言之不出①，耻躬之不逮②也。”

——《里仁》

章旨

孔子教人谨言力行。

注释

①**言之不出**：言语不轻易出口。之，助词。

②**耻躬之不逮**：以自身做不到为可耻。躬，身，指自身而言。之，助词。逮，及，指做到。

解读

透过语言，我们的意愿、思想、感情得以传达与交流，它是我们灵魂的诠释者。但是，要把语言化为行动，远比把行动化为语言要困难得多，所以我们心中想到的事情，在尚未付诸行动前，千万不要放在口中宣扬。

明王廷相云：“讲得一事，即行一事；行得一事，即知一事；所谓真知矣。徒讲而不行，则遇事终有眩惑。”我们要有所成就，要成为独立自主、始终如一的人，就必须谨言力行，言行一致，因为，行动是最有力的说服，而实践则是最好的检验。

相关名言

◎说话随便的人，便是没有责任心的人。

——【英国】哈代

121

（十一）

子曰："可与言①而不与之言，失人②；不可与言而与之言，失言③。知④者不失人，亦不失言。"

——《卫灵公》

章旨

孔子教人注重言谈的对象，以免失人与失言。

上二章言人当慎其言语。

注释

①**与言**：即"与之言"，和他交谈讨论。

②**失人**：错过值得交往的人。

③**失言**：与不值得交往的人谈话，浪费时间，等于说错了话。

④**知**：通"智"。

解读

说话虽是人的本能，但是，要说得恰当，却不容易，所谓"动得恰到好处的舌头是人间至乐"，就是这个意思。面对错综复杂的人事时，如果先认清谈话的对象及当时的情境，再作适当的应对，自能既不"失人"，又不"失言"，免除与人失之交臂或因言贾祸的憾恨。至于何者可与言，何者不可与言，关键在于自己的判断，必须从平时的阅历和体验中，培养此一智慧。

相关名言

◎言而当，知也；默而当，亦知也。

——《荀子·非十二子》

◎话不像话最好不说，话不投机最好沉默。

——【波斯】萨迪

（十二）

子贡问友①。子曰："忠告②而善道③之，不可则止，无自辱焉！"

——《颜渊》

章旨

孔子告诉子贡交友当善尽规劝之道，但也应适可而止。

注释

①**问友**：请教交友之道。

②**忠告**：尽自己的诚心来劝诫他。告，劝诫。

③**善道**：友善地说辞来开导他。道，通"导"，音dǎo。

解读

交友的意义在于成就德行的修养，是以朋友有过，应善尽劝导之道。规过责善，贵在真心诚意，通过寥寥数语，把诤言和希望系于一身，把感情和寄托融为一体，以期对方能改过迁善。此一善意如果不被接受，则宜适可而止，切忌强人所难，引起反感，以致自取其辱。

同时，我们应明白，我对朋友如此，朋友待我也是如此。一旦己身有过，朋友对我之忠告、善道，理应虚心接受。此层涵义，孔子虽未明言，却自然包含其中。

相关名言

◎责善之道，要使诚有余而言不足，则于人有益，而在我者无辱矣。

——【北宋】程颐《程氏遗书》

◎忠告如雪，下得愈静，愈长留心田，也愈深入心田。

——【瑞士】希尔泰

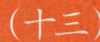

（十三）

曾子曰："君子以文①会友，以友辅仁②。"

——《颜渊》

章旨

曾子论交友之正道及其功效。

注释

①**文**：指《诗》、《书》、《礼》、《乐》而言。

②**辅仁**：辅助自己培养仁德。辅，助。

解读

要建立真挚的友谊，绝不能单凭感性乃至纯以利害为媒介，是以曾子提出以文（泛指所有的文化活动）会友的主张，其用意在使朋友的交往，能收束于"价值"之下，而不致流于浮泛放荡。文化活动本身就指向价值世界，若以之作为互动的媒介，自然会对参与者形成一种要求与激励：要求他们自我充实，激励他们自我提升。如此，才能在与他人的互动中顺利沟通。

至于"以友辅仁"则与"以文会友"互为表里。正因为有心借交友以辅仁进德，所以才需要以文化活动为交往的媒介，也正因为彼此以文相会，所以才会有以真理、德行相互砥砺之效。

相关名言

◎不挟长，不挟贵，不挟兄弟而友。友也者，友其德也，不可以有挟也。

——《孟子·万章下》

◎对渊博友，如读异书；对风雅友，如读名人诗文；对谨饬友，如读圣贤经传；对滑稽友，如阅传奇小说。

——【清】张潮《幽梦影》

（十四）

子曰："群居①终日，言不及义，好②行小慧③，难矣哉④！"

——《卫灵公》

章旨

孔子论朋友相处，言应及义，而不可专好卖弄小聪明。

注释

①**群居**：群集一处。

②**好**：音hào，喜好。

③**行小慧**：卖弄小聪明。

④**难矣哉**：难有成就啊！矣哉，啊、啦，表示加重感叹的语气。

解读

对于不甘随俗浮沉的人而言，人生的每一阶段都是进德修业的进程，在成德的过程中，存养省察的功夫不可或缺。良师益友是存养省察的一股助力，而言不及义、好行小惠的损友，则只会损害善德。

虚而为盈，无而为有，讳己之不能，忌人之有善，自矜自是，大言欺人，虚矫浮夸，表面上看来是兴高采烈；其实是浪掷光阴，这是言不及义、好行小慧者的特点，我们进德修业时，理应引以为戒。

125

相关名言

◎善人同处，则日闻嘉训；恶人从游，则日生邪情。

——《后汉书·臧宫传》

◎我们都或多或少乐于跟平庸者打交道，因为那会使我们心安理得，使我们产生一种与自己相同的人交往的舒适感觉。

——【德国】歌德

（十五）

孔子曰："益者三友，损者三友：友直①，友谅②，友多闻，益矣；友便辟③，友善柔④，友便佞⑤，损矣。"

——《季氏》

章旨

孔子言友有益友、损友的分别。意在告诫人应择益友而去损友。

上四章言交友处群之道。

注释

①**直**：正直。

②**谅**：诚信。

③**便辟**：音 pián bì，善于摆威仪、作姿态，而讨好人的人。便，巧。辟，回避。指灵巧地避开人的忌讳地避开人的忌讳而谄媚人。

④**善柔**：善于装着很好的脸色讨好人，而缺乏诚信的人。

⑤**便佞**：善于花言巧语，而没有真才实学的人。佞，音 nìng，巧言善辩。

解读

友谊的温馨与快乐，使一颗颗孤独的心和人群有了沟通。人的生活离不开友谊，但要获得真正的友谊并不容易，它需要用忠诚去播种，用热情去灌溉，用原则去培养，用谅解去护理。

道义相抵，过失相规，是畏友；缓急可共，死生可托，是密友；甘言如饴，游戏征逐，是昵（亲密）友；利则相争，患则相倾（倾轧、排斥），是贼友。交友的积极作用既然是在辅仁进德，那么，选择朋友时理应采取较高的标准。

相关名言

◎与善人游，如行雾中，虽不濡湿，潜自有润。

——【东晋】葛洪《抱朴子·微旨》

（十六）

子曰："视其所以①，观其所由②，察其所安③，人焉廋哉④？人焉廋哉？"

——《为政》

章旨

孔子提示察人善恶的方法。

注释

①视其所以：一般地看他行为的表现。视，指一般地看。所以，指行为的表现、做事的情形等。以，行，为。

②观其所由：有目的地看他做这事的动机。观，指有目的地看。所由，指动机。由，从。

③察其所安：审察他做这事是否安心自在。察，审察。所安，指内心的安适快乐情形。安，乐。

④人焉廋哉：这个人的善恶真伪，怎能藏匿得住呢？焉，何、怎能。廋，音sōu，藏匿。

解读

人之所以难以了解，在于人是一最复杂的组合。在现实的世界里，面对自己，他有一个内在的我；在群众里，他又有一个外在的我；他总是有意无意地戴着各种假面具生活在人群之中。正因为"我与你"的世界总被"我与它（指面具）"的世界所阻挡，所以当我们与人相处时，必须"视"，"观"，"察"，以了解其善恶真伪。这种由外而内，由外在行事而动机、而心情反应的评鉴人物方法，在现实生活中有其实质上的必要性，使我们可以确实知悉人之善恶真伪而趋避之。

127

相关名言

◎胸中正，则眸子了焉；胸中不正，则眸子眊焉。听其言也，观其眸子，人焉廋哉？

——《孟子·离娄上》

◎河床愈深，水面愈平静。世界上没有一种方法，可以从一个人的脸上探察他的居心。

——【英国】莎士比亚

（十七）

子贡问曰："乡人皆好①之，何如？"子曰："未可也。""乡人皆恶②之，何如？"子曰："未可也。不如乡人之善者好之，其不善者恶之。" ——《子路》

章旨

孔子教子贡慎于取人，不可人云亦云，随声附和；应以其真实的善恶为标准。

上二章言知人之道。

注释

①**好**：音hào，喜欢。

②**恶**：音wù，憎厌。

解读

现实世界里，几乎没有一个人不在背后批评别人，也几乎没有一个人不在背后受人批评。而一般人对他人的好恶，往往以个人利害关系为判断标准，并不客观。所以，一个人本身的好坏是一回事，别人对于他的评价是另外一回事。

一个乡里风气的厚薄虽然会有差异，但其成员应是有善有恶，绝不可能都是好人，或全是坏人。正因为如此，"乡人皆好之"的人，未必就是好人，有可能是曲意逢迎的"乡愿"。反之，"乡人皆恶之"的人，未必就是坏人，有可能是不愿随俗浮沉的君子。既然论定人品如此困难，孔子于是提出"乡人之善者好之，其不善者恶之"的基本原则。此原则虽非绝对标准，却相对较为客观。

相关名言

◎一个勇敢而率真的灵魂，能用自己的眼睛去观照，用自己的心去爱，用自己的理智去判断。

——【法国】罗曼·罗兰

（十八）

子曰："放①于利而行，多怨②。"

——《里仁》

章旨

孔子戒人勿重利招怨。

注释

①**放**：音fǎng，依、依据。

②**多怨**：多招怨责。

解读

孔子在本章中指出，凡事依利而行将会遭到的后果——多怨。

在位者如果只为自己利益，横征暴敛，搜刮民财，一定会让百姓怨声载道；个人待人处事，如果只考虑对自己是否有利，而不顾情义，这样的人一定会招惹许多非议。

其实追求财富并没有错，最重要的是要合乎道义，也就是我们平日常说的："君子爱财，取之有道。""唯利是图"的人或许会得意于一时，但不断累积人家对他的怨恨、不满，最后也难免落得失败的下场。

相关名言

◎对金钱的欲望必须尽力摒除。唯爱财富之心使人度量狭小、精神卑鄙。

——【古罗马】西塞罗

◎当金钱说话时，真理都缄默了。

——【墨西哥】利萨尔迪

（十九）

或曰："以德①报怨，何如？"子曰："何以报德？以直②报怨，以德报德。"

——《宪问》

章旨

孔子论报德报怨之道。

注释

①**德**：恩惠。

②**直**：指公正无私。

解读

孔子虽然主张"不念旧恶"（《公冶长》），对于人家加诸自己身上的恶、怨，可以一笔勾销，毋需报复，也就是不要"以怨报怨"。但当有人问起"以德报怨"的做法时，孔子先从逻辑上作一个论辩，反问道："何以报德？"然后提出自己的看法："以直报怨，以德报德。"

儒家思想的基础在于人情，所以有亲疏等级之分，因此对于处理怨、德，也有程度上的差别，人家对我们有"德"，我们当然要以"德"来报答他；人家对我们有"怨"，我们只要以"直道"来回报他即可，这样才有公理正义、是非曲直，不被当作乡愿。

相关名言

◎多一次原谅人，就多造一次福；把量放大，福就大。

——释证严

（二十）

子曰："躬自厚①，而薄责于人②，则远③怨矣！"

——《卫灵公》

章旨

孔子教人立身处世之道，在于责己严而待人宽。

上三章言待人之道。

注释

①**躬自厚**：责求自己重一些，即严以律己。"躬自厚"即"躬自厚责"，"责"字探下文"薄责"之"责"而省略。责，要求。

②**薄责于人**：责求别人轻一点，即宽以待人。

③**远**：音yuàn，远离。

解读

孔子论道德修养，很重视人与人之间的和谐关系，要避免招惹别人的怨恨，所以本章他提出责己严、待人宽的道理。因为对自己要求严格，不断修养提升自己的品格，为人处事不苟且马虎，这样才能赢得人家的敬重。而对待别人宽厚，能够多体谅人家，不求全责备，也才不至于招惹怨恨。人与人相处只有关怀、体贴，没有怨、恨，一团和气，这才是理想的社会。

相关名言

◎古之君子，其责己也重以周，其待人也轻以约。重以周，故不怠；轻以约，故人乐为善。

——【唐】韩愈《原毁》

◎律己宜带秋气，处世宜带春气。

——【清】张潮《幽梦影》

（二十一）

子曰："不患无位①，患所以立②；不患莫己知③，求为可知④也。"

——《里仁》

章旨

孔子勉人充实自己，不必忧愁无人知己之才德及谋不到职位。

此章勉人当尽其在己，以求己有可知之实。

注释

①**位**：当"职位"讲。

②**所以立**：指所用来尽责称职的才德。

③**莫己知**：即"莫知己"，指无人知己之有才德。莫，没有人。

④**求为可知**：追求己有可为人知的真才实学。

解读

本章中孔子告诉我们，人所要担忧的是自己的才德是否完备，能否胜任某种职位，如果不够完备，无法胜任，就应该努力去充实自己，这是自己能掌握的，只要自己有志气，肯打拼，日积月累，才德自然不断精进。至于是否能得到某种职位，则涵盖许许多多的外在因素，不妨顺其自然，不必做无谓的担忧。

同样地，许多人也常常怨叹遇不到伯乐，没有人赏识、提拔，其实要想遇到伯乐之前，先决的条件自己必须是千里马。所以平日应该讲求的是自己有没有被人赏识的才德，而不是庸人自扰，担忧没有人了解我。

相关名言

◎（君子）耻不能，不耻不见用。

——《荀子·非十二子》

◎你想要有益于社会，最好的法子莫如把自己这块材料铸造成器。

——【挪威】易卜生

（二十二）

子曰："参乎！吾道一以贯之。"曾子曰："唯①。"子出，门人②问曰："何谓也？"曾子曰："夫子之道，忠恕③而已矣！"

——《里仁》

章旨

曾子说明孔子一贯之道，在于"忠恕"二字。

注释

①唯：音wěi，应诺之辞，犹"是的"。

②门人：指孔子弟子，即曾子当时的同学。

③忠恕：忠，为人尽心竭力。恕，推己及人。

解读

本章记载孔门师生的对话，虽然极为精简，但其中所蕴涵的道理却非常深广，值得仔细玩味。

首先孔子告诉弟子曾参，说自己的道可以用一个根本道理贯通起来。曾子是孔门的得意学生，对孔子之道体会甚深，因此他被孔子点名对话，而曾子也不假思索，直截了当肯定孔子的说法。

当时在场的其他学生就没有这份能力，等孔子出去之后，马上问曾子。曾子果然不愧是孔门高徒，很明快地点出孔子的道就是"忠"、"恕"二字罢了。根据朱熹的解释，"忠"是尽己，"恕"是推己，换句话说，就是自己做好之后，也要推己及人，多为别人设想。曾子如此归纳孔子的中心思想是否正确，只要再看下一章就可获得答案了。

133

相关名言

◎忠恕违道不远，施诸己而不愿，亦勿施于人。

——《中庸》

◎聪明人都明白这样一个真理：帮助自己的唯一方法就是去帮助别人。

——【英国】哈伯德

（二十三）

子贡问曰："有一言^①而可以终身行之者乎？"子
曰："其^②恕乎！己所不欲，勿施于人。"

——《卫灵公》

章旨

孔子告诉子贡可终身奉行者，乃是恕道。

上二章论忠恕之道及其效用，有勉人努力践履之意。

注释

①**一言**：指一字。

②**其**：表示揣度的语气词，和白话的"可能"、"大概"相当。

解读

本章和上一章刚好互相呼应，上一章曾子归纳孔子的中心思想在于"忠恕"而已，本章则孔子亲口说出，"恕"字是可以终身奉行之道。或许有人会怀疑，孔子只提"恕"字，难道"忠"不重要吗？曾子的归纳是否有问题？

其实"忠"、"恕"两字都非常重要，一个人首先必须要尽己，就是"忠"；然后才能推己及人，就是"恕"。但一个人如果真的能够多为人设想，"己所不欲，勿施于人"，相信他已经能够做到"忠"了。

相关名言

◎所恶于上，毋以使下；所恶于下，毋以事上；所恶于前，毋以先后；所恶于后，毋以从前；所恶于右，毋以交于左；所恶于左，毋以交于右；此之谓絜矩之道。

——《大学》

◎己恶饥寒焉，则知天下之欲衣食也；己恶劳苦焉，则知天下之欲安佚也；己恶衰乏焉，则知天下之欲富足也。

——【西汉】韩婴《韩诗外传》

（二十四）

子曰："朝闻道①，夕死可矣。"

——《里仁》

章旨

孔子勉人努力求道。

此章言苟能修德以达道，则此生可以了无憾恨。

注释

①**朝闻道**：早晨闻知而体悟了真理。道，事物当然的道理。此处可作人生意义、宇宙价值解。

解读

一个知识分子如果没有人生理想，以及为理想奋斗的精神，就没有资格当知识分子。孔子在本章中，用最精炼有力的语言，说出知识分子的生命意义，点明了知识分子应有随时为道牺牲的大无畏精神。孔子这两句话，就如暮鼓晨钟，警醒那些醉生梦死的人，以求道、行道为己任，这样的人生才有目标，活着才有意义。

相关名言

◎人固有一死，或重于泰山，或轻于鸿毛。

——【西汉】司马迁《报任安书》

问题与讨论

一、 何谓乡愿？孔子为什么对这种人深恶痛绝？你是否也见过这种人？

二、 反省有何意义？曾子如何自我反省？

三、 除了孔子所讲的三益友、三损友之外，你认为还有哪种人算是益友，哪种人算是损友。

四、 面对"大言不惭"和"花言巧语"的人，你有什么感受？日常生活中，你是否也曾有这种行为？

五、 孔子如何察人之善恶？

六、 孔子认为应该如何责己待人。你是否达到此一要求？

七、 如果人人都能秉持恕道、设身处地，人际关系是否会比较良好？请举例说明。

谦谦仁者，大师风范

——启功

启功（1912—2005），满族，中国当代著名书画家、国学大师、文物鉴定家、诗人。

启功一生颇具传奇色彩，很多人都想见他一面，有的人在见面之后（有的甚至根本就没有见过面）还要写出一两篇文章发表出来，其中一些文章有不少失实之处。对此，启功先生相当达观，毫不在意，"开门撒手逐风飞，由人顶礼由人骂"。但是，对于为他写传记一事，他却一直反对。他曾自述："自愧才庸无善恶，兢兢岂为计流芳。"启功先生不图虚名，对于人们奉赠给他的这"家"那"家"，他一概不承认，只认定自己是一名教师。有一则广为人知的笑话，说的是启功先生因为身体欠安，闭门养病，奈何访客不断，不胜其烦，就以其一贯的幽默写了一张字条贴在门上："大熊猫病了，谢绝参观！"从此得了一个"大熊猫"的雅号。这笑话传久了，很多人都信以为真。有一次，启功先生郑重其事地请别人为他"辟谣"："外面有人说，启功自称大熊猫，那都是别人误传。""其实我写的是：'启功冬眠，谢绝参观。敲门推户，罚一元钱。'"启功先生说："我还有自知之明，哪敢自称国宝呢？"这件事启功先生虽然是半开玩笑，但从中也可看出他的认真和谦虚。

集诗、书、画和文物鉴赏于一身的启功，是享誉国内外的专家学者。他对历代作品特征、作者风格了然于心，见识卓异，加上他有丰富的文物知识和文史修养，又熟谙典故，劣品和赝品总逃不过他的眼睛。 但他对个人的作品却从不看重。有个铺子是"造假作品"的专卖店，标价不高，有人看了问店主："是真的吗？"店主也挺痛快："真的能这个价钱吗？"后来启功先生听说了这件事，就来到这个铺子，一件一件看得挺仔细。启功先生谁不认识呀！有人就过来问："启老，这是您写的吗？"启功先生听了，微微一笑说："比我写得好。"在场的人都大笑起来。过了一会儿，启功先生又改口了："这是我写的。"事后他向身边的人解释说："人家用我的名字写字，是看得起我。再者，他一定是生活困难缺钱，他要是找我来借钱，我不是也得

137

借给他？"他撰文称赞明代文徵明、唐寅等人，说当时有人伪造他们的书画，他们不但不加辩驳，甚至在赝品上题字，使穷朋友多卖几个钱。让那些穷苦小名家得几吊钱维持一段生活，而有钱人买了真题假画，损失也不会太大。这观念虽不合知识产权保护法，却体现出启功一向的仁者情怀。

1.【2012年"卓越联盟"自主招生题】

在"见、贤、思、齐"这四个字中,任选一个字作为作文的主题,题目不限,文体不限,字数为800字左右。

2-3.【2011年高考语文浙江卷】

阅读下面两段文字,完成2-3题。

　　子曰:"道之以政,齐之以刑,民免而无耻;道之以德,齐之以礼,有耻且格。"

（《论语》）

　　夫圣人之治国,不恃人之为吾善①也,而用②其不得为非也。恃人之为吾善也,境内不什数③;用人不得为非,一国可使齐。为治者用众而舍寡,故不务德而务法。

（《韩非子》）

　　【注】①为吾善;自我完善。②用:使。③不什数:不能用十来计算,即不到十个。

2. 从上面两段文字中,概括出孔子和韩非子的为政观。

　　孔子:＿＿＿＿＿＿＿＿　　韩非子:＿＿＿＿＿＿＿＿

3. 对这两种为政观进行简要评析。

　　答:＿＿＿＿＿＿＿＿＿＿＿＿＿＿＿＿＿＿＿＿＿＿＿＿＿＿＿

　　＿＿＿＿＿＿＿＿＿＿＿＿＿＿＿＿＿＿＿＿＿＿＿＿＿＿＿＿＿＿

　　＿＿＿＿＿＿＿＿＿＿＿＿＿＿＿＿＿＿＿＿＿＿＿＿＿＿＿＿＿＿

4-8.【2009年高考语文山东卷】

阅读下面的文言文,完成4-8题。

　　晋文公攻原,裹十日粮,遂与大夫期十日。至原十日而原不下,击金而退,罢兵而去。士有从原中出者,曰:"原三日即下矣。"群臣左右谏曰:"夫原之食竭力尽矣,君姑待之。"公曰:"吾与士期十日,不去,是亡吾信也。得原失信,吾不为也。"遂罢兵而去。原人闻曰:"有君如彼其信也,可无归乎?"乃降公。卫人闻曰:"有君如彼其信也,可无从乎?"乃降公。孔子闻而记之，曰："攻原得卫者，信也。"

　　文公问箕郑曰："救饿奈何？"对曰："信。"公曰："安信？"曰："信名、信义、信事。信名，则群臣守职，善恶不逾，百事不怠；信事，则不失天时，百姓不逾；信义，勉而远者归之矣。"

　　吴起出，遇故人而止之食。故人曰："诺，今返而御。"吴子曰："侍公而食。"故人至暮不来，起不食待之。明日早，令人求故人。故人来，方与之食。

　　魏文侯与虞人①期猎。明日，会天疾风，左右止文侯，不听，曰："不可。以风疾之故而失信，吾不为也。"遂自驱车往，犯风而罢虞人。

　　曾子之妻之市，其子随之而泣。其母曰："女还，顾反为女杀彘。"妻适市来，曾子欲捕彘杀之。妻止之曰："特与婴儿戏耳。"曾子曰："婴儿非与戏也。婴儿非有知也，待父母而学者也，听父母之教。今子欺之，是教子欺也。母欺子，子而不信其母，非所以成教也。"遂烹彘也。

　　楚厉王有警，为鼓以与百姓为戍。饮酒醉，过而击之也。民大惊。使人止之，曰："吾醉而与左右戏，过击之也。"民皆罢。居数月，有警，击鼓而民不赴，乃更令明号而民信之。

　　李悝警其两和②曰："谨警敌人，旦暮且至击汝。"如是者再三而敌不至。两和懈怠，不信李悝。居数月，秦人来袭之，至，几夺其军。此不信之患也。

　　卫嗣公使人为客过关市，关市呵难之，因事关市以金，关市乃舍之。嗣公谓关市曰："某时有客过而予汝金，因遣之。"关市大恐，以嗣公为明察。

（选自《韩非子·外储说左上》，略有改动）

【注】①虞人：古代掌管山泽苑圃、田猎的官。②两和：指古代军队左右营垒中的将士。

4. 对下列句子中加点词的解释，不正确的一项是

　　A.遂与大夫期十日　　　　　　　期：约定

　　B.会天疾风　　　　　　　　　　会：适逢

　　C.犯风而罢虞人　　　　　　　　犯：冒着

　　D.过而击之也　　　　　　　　　过：经过

5.下列各组句子中，加点词的意义和用法相同的一组是

　　A{ 攻原得卫者
　　　 假舆马者

　　B{ 侍公而食
　　　 信而见疑

　　C{ 为鼓以与百姓为戍
　　　 洎牧以谗诛

　　D{ 故人旦暮且至击汝
　　　 若属且为所虏

6. 以下六句话分别编成四组，全部直接体现诚信的一组是

①遂罢兵而去　　　　　　　②群臣守职，善恶不逾，百事不怠。

③故人来，方与之食　　　　④遂自驱车往，犯风而罢虞人

⑤曾子欲捕彘杀之　　　　　⑥乃更令明号而民信之

A.①②⑤　　　B.③④⑤　　　C.①③⑥　　　D.②④⑥

7. 下列对原文有关的内容的理解和分析，不正确的一项是

A. 晋文公用十天时间没有攻下原邑而主动撤兵，由于坚守诚信，文公感动了原邑和卫国的人，反而得到了两地。孔子对此表示赞赏。

B. 吴起在"故人至暮不来"时仍坚持不食而等待，魏文侯在"会天疾风"时仍不失信于虞人，体现出了高尚的诚信品格，令人钦佩。

C. 楚厉王因醉酒击鼓为戏而失信与民，致使有警而百姓不来；李悝因欺骗将士而失信于军，险致全军覆没。这两个故事从反面强调了诚信的重要。

D. 卫嗣公派人假扮客商通过关口的集市，集市的官吏刁难客商并接受了贿赂。卫嗣公知道后要罢免这个官吏，他非常害怕，认为卫嗣公能明察秋毫。

8. 把文言文阅读材料中加横线的句子翻译成现代汉语。

（1）有君如彼其信也，可无从乎？

答：_____

（2）吴起出，遇故人而止之食。故人曰："诺。"

答：_____

（3）母欺子，子而不信其母，非以成教也。

答：_____

论士与君子

（选二十三章）

引　言

一、论士

士为封建制度下社会结构中的一个等级，其上为卿大夫，其下为庶人，是贵族中的最低一层。他们学道艺、习武勇以辅佐卿大夫处理政事。到了春秋、战国时代，由于封建制度逐渐解体，礼坏乐崩，士乃流落民间。他们有学问有才识，却没有固定的职业，于是在社会上形成一种非农非工非商非官僚的"士"的阶层。此一阶层之中，有不少人眼见社会的混乱，旧有体制的败坏，于是提出自己的理想，以表达对于人世的关怀。

这些有志之士，以道自任，并以仁为己任，这种抱负与担当，一直为后代的知识分子所承继。近代西方社会常称知识分子是社会良心，是理性、正义、自由等人类基本价值的维护者、实践者。而在中国，孔子心目中的"士"，早已承担此一历史文化的使命。我辈青年接受教育，怀文抱质，理应自我期许，担当社会责任。

二、论君子

在封建制度下，君子指政治上的在位者，小人指被统治的平民。不过，孔子却有意打破这种区分，以德行修养来判别君子或小人。《论语》中论及"君子"有百余次，除极少部分仍指在位者外，绝大部分指有德者。

孔子心目中最高的修养境界是圣人，但圣人不是一蹴可就的，而修养德行是人人都可以做到的，所以孔子一再勉人成为君子，以循序达到圣人的境界。孔子认为君子必须以德义为依归，有过必改，使自己达到文质彬彬的境地；在对人、对事方面，都能权衡分辨，处置得宜，随时戒惕，处危乱而能固守其节操。为阐述君子的内涵，孔子经常拿小人的行径来对此，君子的表现如此，其相反的就是小人的表现。人既能透过自我的修养，成为有人格尊严的君子，则当然不会沦为众所唾弃的卑劣小人了。

（一）

子贡问曰："何如斯可谓之士矣？"子曰："行己有耻①，使于四方，不辱君命②，可谓士矣。"曰："敢问其次？"曰："宗族③称孝焉，乡党④称弟焉。"曰："敢问其次？"曰："言必信，行必果⑤，硁硁然⑥小人⑦哉！抑亦可以为次矣⑧。"曰："今之从政者何如？"子曰："噫！斗筲之人⑨，何足算也⑩！"

——《子路》

章旨

孔子答子贡之问而论士之行，并评论当时的从政者器量狭小。

注释

①**行己有耻**：对自己的行事，能知耻而有所不为。

②**不辱君命**：奉命出使，不使君命受屈辱，即能顺利达成国君所托付的任务。

③**宗族**：家族，此指同一家族的人。

④**乡党**：指乡里。古代以一万二千五百家为乡，五百家为党。

⑤**行必果**：对自己想要去做的事，一定果敢去做。行，音xìng，指表现品性的行为举止，名词。

⑥**硁硁然**：小石坚确的样子。这里形容其能坚正自守，但尚不能衡量轻重，通权达变。硁，音kēng。

⑦**小人**：指识量浅狭的人。

⑧**抑亦可以为次矣**：或许也可说是再次一等的了。抑，或许。为，是。

⑨**斗筲之人**：德薄量浅的人。斗筲，器之小者，此处做形容词用。斗，量器，容十升；筲，音shāo，竹器，容一斗二升。

⑩**何足算也**：怎能数得上呢？算，数（音shǔ）。

解读

本章从孔子与子贡的对话中,可知孔子心目中的"士"有三个等级。最上等的是行事能坚持原则,知耻而有所不为,而且能为国君出使四方,完成使命。一个人有守有为,不仅能修养自己,而且能为国家做事,达到"治国"的层次,当然堪称"上士"了。次一等的是能孝顺父母,敬事长上,而获得家族、乡里之人的称赞,这是做到"齐家"的层次,可以称为"中士"。最下等的是器量虽然小一点,没有远大的抱负,但"言行一致",做到"修身"的基本道理,这样也可以列为"下士"了。

如果根据孔子这样的分法,子贡怀疑当今那些从政者都在"治国",岂不是都可称为"上士"了? 其实孔子所认定的"士"虽有高下之不同,但所重者皆在于德行,必须要修身、齐家,才能治国、平天下,但当今那些从政者鄙陋浅薄,不懂得修身的道理,这怎么够资格称为士呢? 孔子这几句评论当政者的话,可说一针见血!

相关名言

◎我重视祖国的荣誉,甚于自己的生命和我所珍爱的儿女。

——【英国】莎士比亚

◎羞耻心是人的第二内衣。

——【法国】司汤达

（二）

子曰："士志于道，而耻恶衣恶食者[①]，未足与议也[②]。"

——《里仁》

章旨

孔子谓士当安贫乐道。

注释

①**耻恶衣恶食**：以粗劣之衣食为耻辱。恶，音è，粗劣。

②**未足与议**：不值得与之谈论道理。未足，不值得。议，谈论。

解读

孔子欣赏"人穷志不穷"的人，对于那些"人穷志短"的人极为瞧不起。在本章中，孔子认为一个人立志求道，但却以穿不好、吃不好为羞耻，就不值得和他谈论正道了。因为一个太在意物质享受的人，往往会受到外界的诱惑，像这种人，你和他谈论太多的道理又有什么用？一个真正的士人，他可贵的地方就是能摆脱物质条件的羁绊，把困穷当作磨炼自己心志的机会，使精神层次更加提升，志向愈加高远。

相关名言

◎人不可为了荣华与虚名给自己招来危险。

——【古希腊】伊索

◎物质上无止境的追求，其结果是对个人价值无止境的否定。

——【法国】罗曼·罗兰

（三）

曾子曰："士不可以不弘毅①，任②重而道③远。仁以为己任，不亦重乎！死而后已④，不亦远乎！"

——《泰伯》

章旨

曾子勉励士人必须弘毅，因其任重而道远。

上三章言士之所重在于德行，而应具有恢宏之器度。

注释

①**弘毅**：指心胸宽广弘大，意志刚强坚忍。

②**任**：担当的责任。

③**道**：行走的路程。

④**死而后已**：到死以后，这责任才停止。已，停止。

解读

本章曾子这几句话，结构极为紧密。他首先提出"士不可以不弘毅"的论点，接着说明理由，是因为士"任重而道远"。接下来曾子分别再解释"任重"与"道远"的内涵。所谓"任重"，就是"仁以为己任"；所谓"道远"，就是"死而后已"。从曾子的话我们可以了解，一个人心胸宽大，才能够以仁为己任，不会自私自利；意志刚毅，才能够坚持到底，不致半途而废。不过近代因受资本主义的影响，众人皆向金钱和权力看齐，有理想、担当的知识分子已经愈来愈少了，由此可见"弘毅"二字的重要。

147

相关名言

◎将相顶头堪走马，公侯肚内好撑船。

——《增广贤文》

◎世界上最宽阔的东西是海洋，比海洋更宽阔的是天空，比天空更宽阔的是人的胸怀。

——【法国】雨果

（四）

子曰："君子喻^①于义^②，小人喻于利^③。"

——《里仁》

章旨

孔子以义利判别君子、小人的不同。

注释

①**喻**：晓得、懂得。

②**义**：天理之所宜，指公正合宜的言行。

③**利**：人情之所欲，指自私的贪得嗜欲。

解读

孔子认为，一个君子必定能通晓义，当他面临利时，能够"见利思义"（《宪问》）、遇到富贵时，"不以其道得之，不处也"（《里仁》）。换言之，如果利与富贵皆能合乎义，则可以得之、处之，因此孔子并不反对利，所反对的是不该得的利。如果一个人只晓得利，不晓得义，则可判定他为小人，因为这种人唯利是图、不择手段，孔子也曾说过："放于利而行，多怨。"（《里仁》）这就是喻于利的后果。

由此可知，孔子这里所区分的君子和小人，是从一个人对待义和利的态度来作为标准，君子和小人的态度是相对的，而义和利本身并非截然相对，这一点很值得我们深思。

相关名言

◎君子思义而不虑利，小人贪利而不顾义。

——【西汉】刘安《淮南子·缪称训》

◎道德是永存的，而财富每天在更换主人。

——【希腊】普鲁塔克

（五）

子曰："君子疾^①没世^②而名不称^③焉。"

——《卫灵公》

章旨

孔子勉人及时修德，期身殁之后，有名声可称。

上二章说明君子志在修德行善，建立美名。

注释

①**疾**：忧虑。

②**没世**：死后。没，音mò，是"殁"的古字。

③**称**：称道、称扬。这里表示被动的语态。

解读

孔子非常重视"名"，《里仁》篇说："君子去仁，恶乎成名。"强调以仁道成就美名的重要。人的一生，不过百年，死则与草木同朽，唯有荣名可以传世，所以君子视为珍宝。君子一旦重视名，就会谨言慎行，努力为善，因此重视"名"为人所称颂，具有积极正面的教育意义，可以鼓励大家修德行善，为社会提供奉献。

（六）

子曰："君子不重①则不威②，学则不固③；主忠信④；无友不如己者⑤；过，则勿惮⑥改。"

——《学而》

章旨

孔子说明君子进德修业的原则。

注释

①**重**：庄重。

②**威**：威严、威仪。

③**固**：坚实。

④**主忠信**：待人处世，以忠诚信实为主。

⑤**无友不如己者**：不结交不如己之好德者。友所以辅仁，不如己之好德，则无益而有损。无，通"毋"，禁止之辞。友，结交为友，此作动词用。

⑥**惮**：音dàn，畏难、害怕。

解读

本章孔子要求君子从"庄重、忠信、慎择友、有过不怕改"四个方面，积极修养自己，并且身体力行，使自己成为人格完美的人。"不重"，指举止不庄重，态度轻浮，如此则既没有威严，学习所得也会浅薄鄙陋。"主忠信"，指做人做事以忠诚信实为原则。"无友不如己者"，指所结交者都是像自己一样好德的人，如此才能"见贤思齐"、"择善固执"。"过则勿惮改"，是指人非圣贤，都有犯错的时候，一旦犯错，应该勇于改过，如此才能培养完美的品德。

相关名言

◎人患不知其过，既知之，不能改，是无勇也。

——【唐】韩愈《五箴五首序》

◎谁喜欢什么样的朋友，谁就是什么样的人。

——【古希腊】伊索

（七）

子曰："君子病^①无能焉，不病人之不己知^②也。"

——《卫灵公》

章旨

孔子言君子学以为己，不求人知。

注释

①病：忧虑。

②不己知：即"不知己"，指不了解自己的才德。

解读

本章与《里仁》篇："不患莫己知，求为可知也。"《宪问》篇："不患人之不己知，患其不能也。"旨意相同。"能"，是指经过学习、涵养之后所具备的才能、德行，君子的才能、德行，都是由学习、锻炼而来的。君子应该努力向学，并在实际的事务上磨炼，以培养真才美德；有了真才美德，自然就有好的名声，这才是实至名归。

相关名言

◎石蕴玉而山辉，水怀珠而川媚。

——【西晋】陆机《文赋》

◎能力之养成，常有待于实际应付问题与处理事务时之虚怀默察，及领悟诀窍。

——邹韬奋

（八）

子贡曰："君子之过也，如日月之食^①焉。过也，人皆见之；更^②也，人皆仰之^③。"　——《子张》

章旨

子贡赞许君子不掩饰过失，且勇于改过。

注释

①**明之食**：即日食和月食。这一意义的"食"，后来又写作"蚀"。

②**更**：改，指改过。

③**人皆仰之**：人人都仰望他。

解读

道德修养差的人，一旦犯错，既担心丢失面子，又怕失去威信，因而躲躲闪闪，文过饰非，不肯勇敢地承认错误，更不愿坦诚地改正错误。品德高尚的人，也不免会有犯错的时候，不过，由于他心地光明磊落，道德修养高尚，因此，不但能够坦率地公开承认自己的过错，而且更能够勇敢地改正自己的过错。这样做，人们不但不会鄙视他，反而会更加尊敬他。

相关名言

◎去了病便是好人，去了云便是晴天。

——【明】吕坤《呻吟语》

（九）

子夏曰："小人之过也，必文①。"

——《子张》

章旨

子夏指摘小人文过饰非。

注释

①文：音wèn，掩饰。

解读

人都不免有过失，有人知过能改，有人却知过不改，甚至文过饰非，自欺欺人，结果更加重自己的罪过，这就是君子与小人的区别。君子勇于面对过失，所以也勇于当下改过；小人畏惧困难，有过必文。由于君子、小人的居心、行为不同，造成君子、小人的品德差异日渐加大。

相关名言

◎掩饰一个缺点，结果会暴露另一个缺点。

——【古希腊】伊索

◎只有缺乏智慧的人才会为自己的错误寻找借口，强词夺理，他这样做，只能使自己处于更加不利的地位。

——【美国】卡耐基

（十）

子曰："质①胜文②则野③，文胜质则史④。文质彬彬⑤，然后君子。"

——《雍也》

章旨

孔子教人文质并重，以成君子。

上五章言君子进德修业，有过必改，成就其为己之学，以达到文质彬彬的地步。

注释

①**质**：质朴，指内在本性的质实、纯朴。

②**文**：文采，指外在的仪节、文饰。

③**野**：粗鄙，粗野。

④**史**：文多质少的样子，这里指较注重文采的修饰而忽略实质。

⑤**彬彬**：物相杂而适均，在此指文质配合均匀适当的样子。

解读

"质"指质朴，"文"指文采。一个人的质朴超过文采，或文采超过质朴，都不理想。孔子认为外表仪态的优雅与内在素质的朴实，配合适当，才合乎中庸原则。一个具有内在美的君子，他应该也是一个富有教养，讲究礼仪，兼具外在美的人。人都有天赋的本质，表现于外，是纯朴实在的，这原本不是缺点；但人与人相处，若完全依照本性而为，缺乏文化修养，则显得粗俗不雅。知识文化的陶冶，在于使人们行为举止谦恭有礼，恰到好处；但若过分文饰，以致丧失率真的本性，则不免巧言令色，华而不实。儒家讲求中庸之道，既肯定"质"，也肯定"文"，更要求"文质彬彬"，才是理想的君子风范。

相关名言

◎文犹质也，质犹文也。虎豹之鞟，犹犬羊之鞟。

——《论语·颜渊》

◎文繁则质衰，末盛则本亏。

——【西汉】桓宽《盐铁论》

（十一）

子曰："君子周^①而不比，小人比^②而不周。"

——《为政》

章旨

孔子论君子、小人之别，在于公私义利之间。

注释

①**周**：以道义相结合，意指与人相处普遍亲厚而不偏私。

②**比**：音bì，偏私阿党，意指与人相处会结党营私。

解读

周，以道义相结合；比，偏党。两者皆是与人亲厚的意思，但周公而比私。孔子认为君子、小人之分，在于公私、义利之辨。君子对于一般人士，无亲疏厚薄之分，完全站在公义的立场。他并不以私交的深浅，或是派系的异同，而有所好恶。他纯粹站在为国家社会谋利益的观点上，有裨益于国家社会者，他无不赞成。小人恰恰相反，结党营私，不辨是非，仅为私人好处着想。

相关名言

◎上天生下我们，是要把我们当作火炬，不是照亮自己，而是普照世界。

——【英国】莎士比亚

◎贤明的人首先关心的是大家的利益，然后才是个人的利益，因为每一个利益都属于整个的人类，而不属于其中某一个人。

——【法国】卢梭

（十二）

子曰："君子无所争，必也射乎^①！揖让而升^②，下而饮^③，其争也君子。"

——《八佾》

章旨

孔子论君子唯于比射时有所争，然其争不失应有的风度。

注释

①**必也射乎**：如果有什么可争的事，必定是在行射礼的时候。也，表停顿的语气词。

②**揖让而升**：行射礼时，二人并进，彼此三揖示敬，然后升堂比射。揖让，彼此作揖，互相谦让。揖，音yī，两手相拱于胸前为礼。

③**下而饮**：射毕揖降，等比试者皆降，胜者向负者作揖，请其升堂饮酒。下，指射完后由堂上走下台阶。

解读

本章记孔子以射箭为例，教人不作无谓的争夺，要在比赛中，培养谦恭有礼的君子风度。"揖让而升，下而饮"是指大射之礼而言，大射之时，不论赛前赛后，参赛者都必相互揖让，表示敬意；在揖让周旋的过程中，培养君子的谦让品德。孔子虽然主张"不争"，但面临重大关节之时，却要"当仁，不让于师"（《卫灵公》）。孔子以"义"作为断定争还是不争的依据，合于义的，当然要争，但在争的时候，不可有失君子风度，这是孔子的用意所在。

相关名言

◎事事留个有余不尽的意思，便造物不能忌我，鬼神不能损我。

——【明】洪应明《菜根谭》

◎天下事不能做到尽头，留几分余地亦见度量。

——【清】左宗棠《傲经》

（十三）

子曰："君子之于天下也，无适^①也，无莫^②也，义之与比^③。"

——《里仁》

章旨

孔子言君子不固执成见，只求恰当、合理，一切以义为取舍标准。

注释

①**适**：音dí，专主，即"绝对如此"。

②**莫**：不肯，即"绝不如此"。

③**义之与比**：即"与义比"，指依从义理。之，语助词。比，音bì，依从。

解读

孔子以"义"为衡量天下事情的标准，因为天下一切事情，本身并无可与不可，完全取决于事情是否合宜，本章的"义之与比"，正提示了可与不可的衡量标准。孔子不喜欢遇事固执拘泥的人，儒者行事应该通权达变，孟子推崇孔子是"圣之时者"，因为孔子"可以速则速，可以久则久，可以处则处，可以仕则仕"（《孟子·万章下》），而其准则，即在于合"义"与否。

相关名言

◎大丈夫行事，论是非不论利害，论逆顺不论成败，论万世不论一生。

——【南宋】谢枋得《与李养吾书》

◎从外貌看来，人最高贵，狗最低贱。但圣人认为：重义的狗胜于不义的人。

——【波斯】萨迪

（十四）

子曰："君子不以言举人①，不以人废言②。"

——《卫灵公》

章旨

孔子说明君子用人纳言，必须观察周详，不可轻下判断。

注释

①**不以言举人**：不因其言得当就贸然举用。因有言者未必有德，故不可以言举人。

②**不以人废言**：不因其人无德就废其善言。

解读

语言是人类表情达意的工具，有的人能说善道，凡事到他的口中，都能讲得天花乱坠，但他不一定真有才德，因此，必须听其言而观其行，不应该"以言举人"。行为不正或身分微贱的人，有时也能发表卓越的言论，提供有价值的意见，因此，必须虚心接纳，不应该"以人废言"。

相关名言

◎狗不以善吠为良，人不以善言为贤。

——《庄子·徐无鬼》

◎智者千虑，必有一失；愚者千虑，必有一得。

——《史记·淮阴侯列传》

（十五）

子曰："君子易事①而难说②也。说之不以道③，不说也；及其使人④也，器之⑤。小人难事而易说也。说之虽不以道，说也；及其使人也，求备⑥焉。"

——《子路》

章旨

孔子论君子、小人存心待人之不同。前者存心公正，待人宽厚；后者存心偏私，待人刻薄。

注释

①**易事**：容易侍奉。

②**难说**：难以取悦。说，"悦"的古字。

③**道**：指正当的方式。

④**使人**：用人。

⑤**器之**：随其材器而任用他，好像使用器皿一样，大小、用途各得其所。器，动词。

⑥**求备**：苛刻求全。

解读

本章的"君子"和"小人"，固然就道德修养而言，同时也就他们居身上位的时候来说，犹如今日的老板或长官。

君子居心公正，而且能宽恕别人的小过失，所以很容易侍奉他，为他办事；但是君子不喜欢人家逢迎谄媚，因此难以取悦他。小人存心偏私，而且待人苛刻，所以下属很难待奉他；但是只要迎合他的私心，说些好听的话，就能获取他的欢悦。所谓"器之"，是说君子用人如用器皿，大者大用，小者小用，完全依各人的才器，绝对没有私心。所谓"求备"，是说小人用人往往"求全责备"，一个人具有某项专长，已堪任用，但小人却要求具备多方面的专长，甚至可能还处处故意刁难别人。

相关名言

◎论大功者不录小过，举大善者不疵细瑕。

——《汉书·陈汤传》

◎君子不责人所不及，不强人所不能，不苦人所不好。

——【隋】王通《中说·魏相》

159

（十六）

子曰："君子成人之美①，不成人之恶②；小人反是③。"

—— 《颜渊》

章旨

孔子言君子、小人之待人，其存心有厚薄之不同，所好也有善恶的差别。

注释

①**成人之美**：言人有善，则诱掖奖励以成其事。成，成全。美，善。

②**成人之恶**：见人为非作歹，不加劝阻，而使遂行其恶。

③**反是**：与此相反。是，此，指"成人之美，不成人之恶"。

解读

君子宅心仁厚，乐于助人，只要是好事，总愿意鼓励、帮助别人，促使该件好事能够顺利成功。如果是一件坏事，就会设法劝诫别人，避免邪恶的后果发生。小人则往往嫉妒贤能，幸灾乐祸，甚至破坏人家的好事，阻碍人家的成功。与君子为伍，常能得其助益；与小人为伍，难免深受其害。

相关名言

◎对别人表示关心和善意，比任何礼物都能产生更多的效果，比任何礼物对别人都有更多的实际利益。

—— 【法国】卢梭

◎一句简单的鼓励的话，往往可以使一个委靡不振的人，突然得到了自信和向上进取的力量。

—— 【法国】罗曼·罗兰

（十七）

宰我①问曰："仁者，虽告之曰：'井有仁焉②。'其从之③也？"子曰："何为其然也④？君子可逝⑤也，不可陷⑥也；可欺⑦也，不可罔⑧也。"　——《雍也》

章旨

孔子指示宰我，言君子行仁，但不昧于事理。

注释

①**宰我**：姓宰，名予，字子我，鲁人，孔子弟子。长于言辞，具怀疑精神。

②**井有仁焉**：井里有个讲仁爱的人。仁，指"仁人"。焉，句末语助词。

③**其从之也**：就随从（入井）营救吗？其，则、就。

④**何为其然也**：为什么是这样做呢？何为，为何。其，副词，就、一定。然，如此。

⑤**可逝**：可使之往救。逝，往。

⑥**不可陷**：不可使之贸然下井救人。陷，从高处落入低处。

⑦**可欺**：可用合理之事加以欺骗。

⑧**不可罔**：不可用不合理之事加以蒙蔽。罔，蒙蔽。

解读

仁人君子心存善念，时时刻刻都想救助别人，如果有人故意欺骗他说"井有仁（人）焉"，在未明白事实真相之前，救人为先，他可能急忙赶到井边救人，但绝不会贸然跳入井中。因为"仁者必有知"，仁人君子有清醒的头脑，可以对任何事物加以思考分析，因此他可能一时会被合乎情理的谎言所欺骗，却不会昧于事理，做出愚蠢的事。

相关名言

◎君子可欺以其方，难罔以非其道。

——《孟子·万章上》

（十八）

司马牛①忧曰："人皆有兄弟，我独亡②！"子夏曰："商闻之矣：'死生有命，富贵在天。君子敬而无失③，与人恭而有礼；四海之内④，皆兄弟也。'君子何患乎无兄弟也？"

——《颜渊》

章旨

子夏劝慰司马牛，君子持己以敬，待人以恭，则天下之人，皆爱敬之如兄弟。

注释

①**司马牛**：姓司马，名耕，字子牛，宋人，孔子弟子。性格稍急，但笃于兄弟之情。

②**我独亡**：只有我没有（兄弟）。亡，音wú，通"无"。司马牛之兄桓魋在宋作乱，司马牛忧其为乱将死，故有此说。

③**敬而无失**：庄敬谨慎，行为没有差错。失，失误、差错。

④**四海之内**：指天下的人。

解读

根据《左传》记载，司马牛并非没有兄弟，而是其兄弟因兴兵作乱而逃亡国外。司马牛担忧兄弟可能陷于死境，可见他是一位笃于兄弟之情的人。子夏面对他的问题，在无可奈何之中，也只能以"四海之内皆兄弟也"，劝慰他以更广阔的胸襟来接纳天下之人，可谓善尽益友之责。而"四海之内皆兄弟也"一语，乃因此成为流传千古的名言，可以为我们所奉行不渝。

相关名言

◎善气迎人，亲如弟兄；恶气迎人，害于戈兵。

——《管子·心术下》

◎命里有时终须有，命里无时莫强求。

——【明】兰陵笑笑生《金瓶梅》

（十九）

子贡曰："君子亦有恶①乎？"子曰："有恶。恶称人之恶②者，恶居下流③而讪④上者，恶勇而无礼者，恶果敢而窒⑤者。"曰："赐也亦有恶乎？""恶徼以为知⑥者，恶不孙⑦以为勇者，恶讦⑧以为直者。"

——《阳货》

章旨

孔子为子贡言君子憎恶之四种真小人；子贡亦言其所恶之三种伪君子。

上九章皆在指明君子对人对事之态度。

注释

①恶：音wù，憎恶。

②称人之恶：好称说他人的过错。恶，音è，过。

③居下流：指居下位。

④讪：音shàn，毁谤。

⑤窒：指不通事理。

⑥徼以为知：指抄袭他人之见以为己有。徼，音jiāo，抄袭。知，通"智"。

⑦孙：通"逊"，音xùn，谦让、恭顺。

⑧讦：音jié，揭发他人的隐私。

解读

此章分别记君子之所恶及子贡之所恶者。君子所恶者虽有四类，但都是真小人；子贡所恶者虽有三类，但都是伪君子；真小人和伪君子都是德之贼，故为君子和子贡所恶。研读此章，不仅可供学者作为自我反省的借镜，而且可以作为观察人物的依据，使自己免于为他人所恶，也可培养自己的知人之明。

相关名言

◎言语之恶，莫大于造诬；行事之恶，莫大于苛刻；心术之恶，莫大于深险。

——【明】吕坤《呻吟语》

163

（二十）

子曰：“君子耻其言而过其行①。”

——《宪问》

章旨

孔子以言过其行，为君子所耻。

注释

①**耻其言而过其行**：以其言语之超过其行为感到可耻。而，助词。

解读

在《里仁》篇孔子曾提到：“古者言之不出，耻躬之不逮也。”此处再次强调君子以“言过其行”为耻，勉人要言行一致，表里如一。

放言高论易，实践力行难，所以夸夸其谈，“言过其行”就成为一般人的通病。或志大言夸，不切实际；或自我标榜，博取信任；或大言耸听，哗众取宠；或口是心非，假仁假义。诸如此类，不一而足。一旦揭去其言语的糖衣，则造成人格的破产，信用的危机。

诚于中，形于外。一个人能以“言过其行”为耻，使自己言顾行，行顾言，就会增强改过向善、践履笃行的勇气和决心，同时也必将取得别人的信任。

相关名言

◎言而不行，是欺也。

——【北宋】程颢、程颐《二程集·河南程氏粹言》

◎要有所成就，要成为特立独行、始终如一的人，就必须言行一致。

——【法国】卢梭

（二十一）

孔子曰："君子有三戒：少之时，血气①未定，戒之在色；及其壮也，血气方刚，戒之在斗；及其老也，血气既衰，戒之在得②。"

——《季氏》

章旨

孔子言君子自少而壮而老三阶段，所应戒除的事。

上二章言君子能谨言慎行，随时戒惕。

注释

①**血气**：血液及气息，人之所恃以生者；在此喻指精神气力。

②**得**：贪得。

解读

人生的每个阶段都有其可取可爱的一面，但也因各个阶段生理、心理发展的差异，难免犯下一些缺失。孔子在此章中，分别指出了君子从少到老，所应戒除的事。

其实不论是好色、争斗或贪得，都是人的欲望，而且也不限于某个年龄层的人才会触犯。孔子只是就某个阶段最容易犯的缺失提出告诫而已。其真正的用意乃是要我们不管是什么年龄，都要随时警惕，用理智来节制欲望，不使其造成偏差。了解了这点，我们才能不被血气所役，而能在精神的层面上不断的自我提升，培养出高尚的情操。

相关名言

◎凡人之性，少则猖狂，壮则强暴，老则好利。

——【西汉】刘安《淮南子·诠言训》

◎人到了四十岁，就必须自己对自己的形象负责了。

——【美国】林肯

（二十二）

子曰：“岁寒①，然后知松柏之后彫②也。”

——《子罕》

章旨

孔子以松柏后凋，喻君子之处危乱而不改其节操。

注释

①**岁寒**：指岁暮天寒的时候。

②**彫**：通“凋”，凋谢。

解读

此章是以隆冬之际，各种草木皆已凋零枯萎，唯独松柏仍然茂盛常青，来比喻君子虽处于危乱之世，仍能保持“众人皆醉我独醒，众人皆浊我独清”的态度，不改其坚贞的操守。读了此章之后，我们在有所体悟，努力培养道德勇气，在必要之时，表现出异于各种草木的松柏之姿。

相关名言

◎松柏后凋于岁寒，鸡鸣不已于风雨。

——【清】顾炎武《日知录》

◎金刚石是绝不至于腐烂的。

——【法国】雨果

（二十三）

卫灵公①问陈②于孔子。孔子对曰："俎豆之事③，则尝闻之矣；军旅之事④，未之学也。"明日遂行。在陈⑤绝粮⑥。从者病⑦，莫能兴⑧。子路愠⑨见曰："君子亦有穷乎？"子曰："君子固穷⑩，小人穷，斯滥⑪矣。"

——《卫灵公》

章旨

记孔子去卫困陈之事，见出孔子重礼及君子处困不滥。

上二章言君子能固守节操。

注释

①卫灵公：春秋时卫君，名元。

②陈：通"阵"，谓军师行伍之列；此指布阵作战之法。

③俎豆之事：指祭祀礼仪之事。俎、豆，皆盛祭品的礼器。

④军旅之事：指用兵作战之事。旅，古时军制，五百人为一旅。

⑤陈：国名，周武王得天下，封舜的后裔妫满于陈。

⑥绝粮：断绝了粮食。

⑦从者病：随侍孔子的弟子都饿病了。病，指饿病，因饥饿而病倒。

⑧兴：起身、起来。

⑨愠：心中不快。

⑩固穷：固然有困穷之时。

⑪滥：放肆为非。

解读

此章重点有二：一为孔子认为治国当以礼乐教化为先务，以导民为善，不应汲汲于用兵作战之事，而穷兵黩武；二为君子遭遇困厄的处境时，当能固守节操，不受外在境遇的影响而放肆为非。其中所述，有治国之道，有修身之方，意涵十分丰富，很值得我们体会，作为修己治人的准则。

相关名言

◎不以穷变节，不以贱易志。

——【西汉】桓宽《盐铁论·地广》

◎苦难可以试验一个人的品格，非常的遭遇可以显出非常的气节。

——【英国】莎士比亚

问题与讨论

一、曾子说"士不可以不弘毅"，何谓"弘毅"？历史上有哪些人可以做为典型？请列举二三例。

二、孔子曾说"不病人之不己知"，何以又说"君子疾没世而名不称焉"？

三、古人说"死生有命，富贵在天"，对这种说法，你有何意见？

四、语文中常有"借彼喻此"以表达旨意的譬喻方式，请在本单元中举出两例，并说明其涵义。

儒家文化的守护者与践行者

——梁漱溟

近代以来，中国的儒家文化受到了前所未有的冲击。在西方各种文化思潮纷纷闯入国门之际，令当时中国文化人无法回避的困惑出现了：是走向西化还是保持传统？如何秉承中国的传统文化并实现其与现代西方文化的有效对接？特别是到了"五四时期"，围绕东西方文化碰撞和交流的争论更加激烈，中国的传统文化遇到了前所未有的危机。这时，作为近代新儒学代表人物的梁漱溟在对传统儒学做出新诠释的基础上，坚决反对文化思想上的全盘西化和对传统儒学的全盘否定，他呼吁复兴传统儒学。

"勉仁"是梁漱溟的书斋名，取儒家"勉于行仁"之意。他曾以"勉仁"为名办了一所中学。1948年，他又在重庆北碚又创办了"勉仁学院"。

梁漱溟是个了不起的人物，从性情、智慧、个人人格各方面来讲，在这种时代，要找这种人，已经不太容易了。他的议论不管是对是错，都有真知灼见。他和一般社会上的名人、名流不同，他对中国有极深的关怀，平生所志都在为中国未来的发展寻出一条恰当的途径，例如"乡村建设运动"，就是梁先生新儒学思想见之于行动的具体表现，不只是讲说学问而已。

"乡村建设"的实践，就他思想的渊源来看，可以《东西文化及其哲学》为代表。这本书是梁先生应王鸿一之邀，在山东以"东西文化及其哲学"为题的演讲稿合辑而成的。那时他还很年轻，不到30岁。这是当时非常了不起的一部著作，思辨性非常强，自成一家之言，不是东拉西扯，左拼右凑出来的，而是一条主脉贯串而下，像螺丝钉钻缝入几的深造自得之作，可说是第一流的。

梁先生没出过洋，又不是什么翰林学士，但一样可以讲中西文化问题；黑格尔没到过中国，也不认识中国字，但到现在为止，讲中西文化问题的，没有一个超过黑格尔的，谁能够像黑格尔了解到那种程度的？这就是哲学家的本事了。梁先生讲中西文化，完全出自于他对时代的体认及民族的情感，而这又是承续自他家庭中关心国事的传统。梁先生的父亲梁济（字巨川），在民国七年时，为抗议象征着固有文化的清朝之灭亡，而自杀身亡。这是一个时代的问题，也是梁先生格外关注的文

169

化问题。

究竟，中国文化该何去何从？中国文化在清朝统治了三百年之后，从辛亥革命到现在，一直难以步上正轨，而源始于十七世纪近代文明的西方文化，就摆在眼前，应该如何作个抉择？

梁先生曾说过一句话：要读他的《中国文化要义》，保存中国传统文化。保存文化是对的，哪一个民族能否定自己的文化？但想了解中国文化并不容易，读《中国文化要义》恐怕不如读《东西文化及其哲学》。

《中国文化要义》是从他的《乡村建设理论》简约出来的，哲学味太重了，每一个项目都需要再加以申说，否则不易懂。而《乡村建设理论》虽是他最用心的著作，企图自农村风俗习惯的横剖面深刻剖析中，归结出中国文化的特征，但是纵贯性不够，在方法论上"从果说因"，是有问题的。

但是，在"文革"之时，他却表现了中国知识分子不屈不挠的风骨与气节，这是他最值得敬佩的地方。他被批斗时，家具和所有的藏书也都被摧残烧毁，他并没有反抗，只极力要求破坏者让他保留一部字典，因为那部字典是向朋友借来的，烧掉了会对不起他的朋友。虽然最后这部字典还是不能幸免，被烧掉了，但是从这件事上，也可以看到他那来自传统知识分子忠厚的一面。

梁先生在近代中国是一个文化的复兴者，不但身体力行地宣扬了传统的儒家思想，更可以说是接续了清代断绝了300年的中国文化。这是他的一生最有意义的地方，也正是梁漱溟先生象征"文化中国"的意义所在。

（摘编自牟宗三《我所认识的梁漱溟》）

1.【2010年高考语文福建卷】

阅读下面的《论语》、《孟子》选段。回答问题。(6分)

　　①子曰:"盖有不知而作之者,我无是也。多闻,择其善者而从之。多见而识之。"(《论语·述而》)

　　②孟子曰:"子路,人告之以有过,则喜。禹闻善言,则拜。大舜有大焉,善与人同,舍己从之. 乐取于人以为善。"(《孟子·公孙丑上》)

　　(1)下列对选段内容的理解,不正确的一项是(3分)

　　A. 要想事业有成,做一个有益于社会的人,就必须勤奋学习,多闻多见,掌握丰富的知识。

　　B. 儒家认为,一个人在实际生活中,不仅要虚心接受别人的批评,而且要对批评者心怀感激。

　　C. 孟子引用子路、禹、舜的事迹. 目的就是劝诫人们要勇于检讨自己的缺点,发现别人的优点。

　　D. 历史上一些有识之士,不仅善于学习别人的优点,而且为求同存异,往往保留自己的观点。

　　(2)结合上面选段,谈谈你对"乐取于人以为善"这句话的看法。(3分)

　　答:＿＿＿＿＿＿＿＿＿＿＿＿＿＿＿＿＿＿＿＿＿＿＿＿＿＿＿＿＿＿＿

2.【2012年高考语文福建卷】

阅读下面的《论语》和《孟子》选段,回答问题。(6分)

　　(1)子曰:"质胜文则野,文胜质则史,文质彬彬,然后君子。"(《论语·雍也》)

　　(2)孟子曰:"君子所以异于人者,以其存心也。君子以仁存心,以礼存心。仁者爱人,有礼者敬人。爱人者人恒爱之,敬人者人恒敬之。"(《孟子·离娄下》)

在孔子、孟子看来,怎样的人可以称为君子? 如何才能成为君子?请综合上述材料,用自己的话回答。

3.【2010年高考语文北京卷】

本大题共5小题,每小题3分,共15分。阅读下面的文言文,完成后面的问题。

　　宋清,长安西部药市①人也,居善药。有自山泽来者,必归宋清氏,清优主之。长安医工得清药辅其方,辄易雠②,咸誉清。疾病疙瘩者,亦毕乐就清求药,冀速已。清皆乐然响应,虽不持钱者，皆与善药，积券如山，未尝诣取直③。或不识，遥与券，清不为辞。岁终，度不能报，辄焚券，终不复言。市人以其异，皆笑之，曰："清，蚩妄人也。"

或曰："清其有道者欤？"清闻之曰："清逐利以活妻子耳，非有道也。然谓我蚩妄者，亦谬。"

清居药四十年，所焚券者百数十人，或至大官，或连数州，受俸博，其馈遗清者相属于户。虽不能立报，而以赊死者千百，不害清之为富也。清之取利远，远故大。岂若小市人哉！一不得直，则怫然怒，再则骂而仇耳。彼之为利不亦翦翦乎？吾见蚩之有在也。清诚以是得大利，又不为妄，执其道不废，卒以富。求者益众，其应益广。或斥弃沉废，亲与交；视之落然者，清不以怠遇其人，必与善药如故。一旦复柄用，益厚报清。其远取利皆类此。

吾观今之交乎人者，炎而附，寒而弃，鲜有能类清之为者。呜呼！清，市人也，今之交有能望报如清之远者乎？幸而庶几，则天下之穷困废辱得不死亡者众矣。柳先生曰："清居市不为市之道，然而居朝廷、居官府、居庠塾乡党以士大夫自名者，反争为之不已，悲夫！然则清非独异于市人也。"

（取材于柳宗元《宋清传》）

注：①市：买卖场所，后文也指经商、交易。②雠：这里指售出、成交。③直：价值、价钱。

(1)下列语句中，加点的词的解释不正确的一项是

A. 居善药　　　　　　　　　居：聚集，搜集

B. 积券如山　　　　　　　　券：借据，欠条

C. 未尝诣取直　　　　　　　诣：前往

D. 终不复言　　　　　　　　复：回答

(2)下列各组词语中，加点的词意义和用法都相同的一组是

A. 清优主之　　　　　　　　不害清之为富也

B. 市人以其异，皆笑之　　　清不以怠遇其人

C. 清其有道者欤　　　　　　执其道不废

D. 求者益众，其应益广　　　一旦复柄用，益厚报清

(3)下列对文中语句的理解，不符合文意的一项是

A. 其馈遗清者相属于户

译文：那些等待宋清馈赠的人在门前排成了队

B. 彼之为利不亦翦翦乎

译文：他们的求利不也太短浅了吗

C. 今之交有能望报如清之远乎

译文：现在的交往中有能向宋清那样从长远考虑回报的人吗

D. 天下之穷困废辱得不死亡者众矣天下

译文：那些穷困料到的还可以活下去的人就会多起来

(4)下列的理解和分析，不符合文意的一项是

A. 生意场的交往也不一定都是斤斤计较的，宋清就是一个例证。

B. 宋清认为做生意不是为了赚钱，而是为了追求高尚的做人的境界。

C. 计较蝇头小利不仅是一般商人的本性，也是某些士大夫的通病。

D. 宋清与人交往不仅异于普通商人，也高于某些以士大夫自居的人。

(5)文言文《宋清传》中说"清之取利远，远故大"，意思是"宋清谋取利益放眼于长远，因为考虑长远所以获得的利益较大"。这概括了宋清经商的特点，请从文中举一例加以说明，并结合当下的社会生活谈谈自己对这一概括的领悟。（不少于200字）

4.【2010年高考语文北京卷】

用斜线(/)给下面短文划横线的部分断句。（5分）

孟子曰："仁者如射，发而不中，反求诸身。"吾尝学射矣始也心志于中目存乎鹄手往从之十发而九失其一中者幸也。有善射者，教吾反求诸身，手持权衡，足蹈规矩，四肢百体，皆有法焉。一法不修一病随之病尽而法完则心不期中目不存鹄十发十中矣。

（取材于苏轼《仁说》）

5.【2011年"北约"自主招生题】

作文（40分）

鲁迅曾说："无尽的远方，无数的人们，都与我有关。"你认为这是怎样的一种关联？你自己与"无尽的远方，无数的人们"是以什么方式相关联？试结合上述问题，以《无尽的远方，与无数的人们》为题写一篇作文。

要求：1. 取譬适当，杜绝虚假。2. 行文流畅，说理明晰。3. 感情真挚，戒用套话。4. 字数要求700—800字。

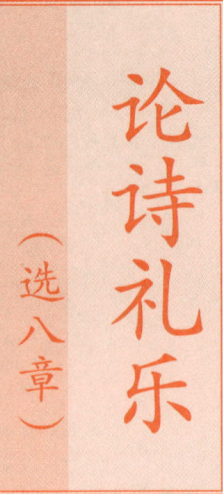

论诗礼乐

（选八章）

引　言

　　《史记·孔子世家》云："孔子以《诗》、《书》、礼、乐教，弟子盖三千焉。"可见《诗》、《书》、礼、乐四者，是孔子施教的主要课程。《书》为历史资料，于性情的陶冶、人格的养成，关系较浅，因此本单元仅选录《诗》、礼、乐三者。

　　孔子整理过《诗》，深得其"温柔敦厚"之旨。他认为：《诗》可以涵养性情，做为修身之用；《诗》可以通达世务，作为从政之用；《诗》可以多识鸟兽草木之名，做为增加知识之用；因此要求学生和儿子好好读《诗》。

　　至于礼，《史记·孔子世家》谓："孔子为儿嬉戏，常陈俎豆，设礼容。"及长而以"知礼"见称。故孟僖子临终时，嘱二子孟懿子、南宫敬叔从孔子学礼。礼的内容很广，举凡个人生活的规范，与人相处的道理，以至于国家的典章制度，都包括在内。因此不学礼、不知礼，是很难在社会上立足的。礼的作用，在使行事有所节制，合乎准则。所以恭、慎、勇、直，虽为美德，但若没有礼的规范，就会有劳、葸、乱、绞的弊病。太过奢侈，太过节俭，也都不合乎礼的要求。

　　孔子之音乐造诣亦深，他能鼓瑟、击磬（音qìng，乐器名，用玉石制成，悬而击之），又能歌，也能与鲁太师谈论乐理。乐的作用，在于抒发性情，变化气质。在音乐的陶镕下，能化暴戾为祥和，保持和谐的心境，养成善良的德行，建立完美的人格，进而移风易俗。

　　《诗》、礼、乐是一贯的，所以孔子说："志之所至，《诗》亦至焉；《诗》之所至，礼亦至焉；礼之所至，乐亦至焉。"（《礼记·孔子闲居》）三者对于人的情志都有导正、陶冶、调和的妙用。但孔子也强调要重视内在的仁心，不可虚有其表，徒有仪文。

子曰："兴于《诗》①，立于礼②，成于乐③。"

——《泰伯》

章旨

孔子说明读《诗》，行礼乐，可以兴起善心，立身成德。

由此章可见孔子极重视《诗》、礼、乐之效用。

注释

①**兴于诗**：鼓舞善心、激发道德意识在于《诗》。兴，奋起、鼓舞之意。《诗》，指《诗经》。《诗》本性情之作，吟咏之间，易于感动人、影响人，故能鼓舞人好善恶恶的情操。

②**立于礼**：端正行为，使人卓然自立在于礼。立，指自立。礼以恭敬逊让为本，故学礼可使行为合宜，卓然立身于世。

③**成于乐**：陶冶人的性情，养成完美的人格在于乐。成，养成、完成。乐之声律和谐，歌舞怡人，使人变化气质，故能养成完美的人格。

解读

本章记孔子教人以《诗》、礼、乐培养完善的德行，亦可谓本单元之总纲。

人类的行为出于天性，发而为感情，表现于语言辞藻的是"诗"，表现于仪文节目的是"礼"，表现于声音节奏的是"乐"。《诗》、礼、乐是人类情性的表现，所以教育家用来作为陶冶人类情性的工具。

诗篇的创作，皆本于诗人纯正的性情，故读者吟咏之际，最易受其感发，而兴起向善的意念。礼是个人生活的规范、待人接物的道理，更包括国家的典章制度，故知礼、学礼才能卓然自立。音乐最能产生潜移默化的功效，可使人有所陶镕，俾由情性的正常表现而完成其人格。

基于《诗》、礼、乐的教育作用，故孔子以之为施教的主要教材。

相关名言

◎相鼠有皮，人而无仪。人而无仪，不死何为？

——《诗经·鄘风·相鼠》

◎音乐有一种魔力，可以感化人心向善。

——【英国】莎士比亚

（二）

子贡曰："贫而无谄①，富而无骄②，何如？"子曰："可也。未若贫而乐③，富而好礼④者也。"子贡曰："《诗》云：'如切如磋，如琢如磨⑤。'其斯之谓⑥与？"子曰："赐也，始可与言诗已矣！告诸往而知来者⑦。"

——《学而》

章旨

孔子阐述不论贫与富，皆当乐道修身。于此并见孔门师生间论学之精益求精。

注释

①**贫而无谄**：贫穷却能不谄媚。

②**富而无骄**：富有却能不骄傲。

③**贫而乐**：贫穷却能乐道。

④**富而好礼**：富有却能爱好礼义。

⑤**《诗》云："如切如磋，如琢如磨"**：《诗经》上说："像治玉石一样，要用切、磋、琢、磨的工夫。"诗指《诗经·卫风·淇奥》篇。切，以刀切断。磋，音cuō，以锉锉平。治骨角者，既切之而复磋之，使其光滑好看。琢，以刀雕琢。磨，以物磨光。治玉石者，既琢之而复磨之，使其细润美观。此句谓进德当精益求精。子贡本以为"无谄"、"无骄"已足够，闻孔子之言后，知义理无穷，修德并无止境，须不断求进步，故引诗以明之。

⑥**其斯之谓与**：或许就是这个意思吧？其，语气词。斯之谓，即"谓此"。之，助词，表宾语提前。与，"欤"的古字，吧。

⑦**告诸往而知来者**：告诉他一件事，就能悟出其他的道理来。诸，之于。往，指所已言者。来，指所未言者。

解读

世俗往往以财富权势，衡量一个人的成就与价值。因此常使穷人心生自卑而谄媚于人，富人心生自傲而骄慢待人。子贡善货殖，由贫而富，使他体会到"贫而无谄，富而无骄"确实是修养中难得的好现象，于是以之向孔子请益。孔子以为这其中尚有"贫富"的意念在，犹不能摆脱外物的牵绊，仍不尽理想。唯有穷人安贫乐道，在乐道的心情中，自然不在乎穷困；富人遵礼而行，在好礼的情境中，自然忘记自己是富豪，如此无挂无碍，才算是理想的境界。

子贡由老师的指点，体悟到学问无涯、精益求精之理，更联想到《诗经》切磋琢磨的话来，一时茅塞顿开，再向老师表达领悟之所得，深获老师嘉许。此章亦可见孔门师生论道之欢愉。

相关名言

◎骆驼穿过针的眼，比财主进神的国还容易呢！

——《圣经》

◎有钱不一定是文化，有品德才是文化。用金钱衡量一切的社会，是堕落的社会。

——【法国】罗曼·罗兰

（三）

子曰："小子①何莫②学夫《诗》?《诗》可以兴③，可以观④，可以群⑤，可以怨⑥。迩⑦之事父，远之事君；多识于鸟兽草木之名。"

——《阳货》

章旨

孔子说明学《诗》的好处。

注释

①小子：指弟子。

②莫：没有人。

③兴：感发志气。

④观：考见得失。

⑤群：和以处众。

⑥怨：抒寄哀怨。

⑦迩：近。

解读

本章为孔子言《诗》的功用最为详尽的一章。

《诗》的内容包罗万象，学《诗》让人获益良多。措辞委婉，音韵悠扬，情意深切的篇章，吟咏品味，可以激发心志。美刺的诗篇，或赞美治道之兴隆，或讽刺政治之衰替，或陈述风俗，足以观察政治之得失、风气之美恶。贤主嘉宾，从容谈笑，应答酬酢，温柔敦厚的诗篇，足以使人明白交友处群的道理。愁苦哀怨的诗篇，或伤时忧国，或抒发抑郁，或寄托哀思，足以使人涤尽怨情，解除忧伤。诵孝子的诗篇，可以明人子之道。读忠臣的诗篇，可以知为臣之义。许多诗篇借鸟兽草木为比喻，又可求得更多的自然知识。自孔子此说之后，"兴、观、群、怨"一直成为中国艺文批评的大原则。

相关名言

◎诗不是一种表白出来的意见。它是从一个伤口或一个笑口涌出来的一首歌曲。

——【黎巴嫩】纪伯伦

◎诗可以说是一切艺术当中，最富地方色彩与固有性的艺术。

——【英国】艾略特

（四）

子曰："诵《诗》三百①，授之以政，不达②；使于四方③，不能专对④。虽多，亦奚以为⑤？" ——《子路》

章旨

孔子说明学《诗》贵在能实际运用于政治事务上。

上三章说明学《诗》之功效及其应用。

注释

①**诗三百**：《诗经》凡三百十一篇，其中六篇有目无辞，故实有三百零五篇。举其成数，言三百。

②**不达**：不能通晓治道以达成政令。

③**使于四方**：出使到各国。四方，指四方之国。

④**专对**：临机应变，独立应对。专，专擅、独立。

⑤**虽多亦奚以为**：即使背诵得很多，又有什么用呢？亦，又。奚，何。以，用。为，表疑问的语气词，常与"奚"、"何"连用，如"何以文为"、"何以伐为"。

解读

本章主要是从政治事务和外交应对两方面，来说明诗经的实用性。

朱熹解释《诗经》与政治的关系说："诗本人情，该物理（具备事物的常理），可以验风俗之盛衰，见政治之得失，其言温厚和平，长于风（音fěng，通"讽"，婉言劝谏）谕，故诵之者，必达于政而能言也。"意谓领略了《诗经》的义旨，则可通达政事。至于外交方面，《诗》的实用性更广，尤其是春秋时代，列国之间，朝聘会盟都有赋诗的风尚，根据《左传》记载，各国君臣赋诗引《诗》，共达二百五十一次之多。倘若一个外交人员，不能适当地引《诗》赋诗以明志，又如何能完成使命呢？

181

相关名言

◎百工治器，必贵于有用。器而不可用，工不为也。学而无所用，学将何为也！

——【北宋】程颐、程颢《河南程氏粹言》

◎狡诈者轻鄙学问，愚鲁者羡慕学问，聪明者则运用学问。知识本身并没有告诉人怎样运用它，运用的智慧在于书本之外。

——【英国】培根

（五）

子曰："恭而无礼①则劳②，慎而无礼则葸③，勇而无礼则乱，直而无礼则绞④。君子⑤笃⑥于亲，则民兴于仁⑦；故旧不遗⑧，则民不偷⑨。"　　——《泰伯》

章旨

孔子说明恭、慎、勇、直的行为，仍要以礼为规范。又说明上位的君子当宽以待人，使民风淳厚。

此章说明礼之功效。

注释

①无礼：不合于礼，即违反礼的规范。

②劳：劳累辛苦。

③葸：音xǐ，畏惧。

④绞：音jiǎo，急切。

⑤君子：指在上位者。

⑥笃：厚，指用深厚的感情对待。

⑦民兴于仁：人民闻风兴起，趋向仁德。

⑧故旧不遗：即"不遗故旧"，不遗弃故交旧友。

⑨民不偷：人民不会刻薄无情。偷，刻薄、不厚道。

解读

本章可以分两部分来说明。前一部分，"恭而无礼则劳"以下四句，论礼的节制作用。一个人尽管有恭敬、谨慎、勇敢、正直的美德，但也要表现得恰到好处，才能有正面的效果。否则，过度恭敬，会流于虚伪矫情；过度谨慎，则显得畏首畏尾；好勇逞能，会盲动闯祸；心直口快，会急切偏颇。如此美德反成弊端，因此必须以礼来节制，使其合乎中道。

后一部分"君子笃于亲"以下四句，说明修德足以化民的道理。在位者必须自正其德，以为人民的表率。而孝悌乃做人的根本，能够厚待亲族，不遗故交旧友，人民受到感化，风俗自然淳厚。《大学》上说："一家仁，一国兴仁。"正是这个道理。

相关名言

◎自天子至于庶人，未有不须友以成者。亲亲以睦，友贤不弃，不遗故旧，则民德归厚矣。

——《诗经·小雅·伐木·序》

◎德行的工具是节制和适度，不是实力。

——【法国】蒙田

（六）

林放①问礼之本②。子曰："大哉问③！礼，与其奢④也，宁俭；丧，与其易⑤也，宁戚。"

——《八佾》

章旨

孔子说明礼的本质在于真情实意，而不只是外表的文饰。

注释

①**林放**：鲁人，孔子弟子，事迹不详。

②**问礼之本**：问礼的根本。林放见世人为礼，专事繁文，怀疑其本不在于此，故问之。

③**大哉问**：问得很好。大哉，赞叹之词，有重大、美好的意思。

④**奢**：奢侈。指讲究排场、铺张浪费。

⑤**易**：治，指办得周到。在此指办理丧事，只重丧礼仪式，而无哀痛之情。

解读

孔子的时代礼坏乐崩，所谓的礼，都已变成僵化的形式。一般人只注重繁文缛节，而忽略礼的实质意义。所以林放提出"礼之本"的问题时，孔子大加赞赏。

孔子指出：过分节俭与过分奢侈，都不合礼；过度哀痛与过度铺张，也同样不合礼。但两者相较，与其形式上奢侈铺张，宁可实质上诚敬哀戚。

时下民间的殡葬文化只重视排场，如电子花车、五子哭墓、做法事大声喧扰等，其实都已偏离了礼的本义。相信孔子复生，也会不以为然的。

相关名言

◎子曰："居上不宽，为礼不敬，临丧不哀，吾何以观之哉？"

——《论语·八佾》

◎御孙曰："俭，德之共也；侈，恶之大也。"

——《左传·庄公二十四年》

（七）

子曰："人而不仁①，如礼何②？人而不仁，如乐何？"

——《八佾》

章旨

孔子论礼乐之本在仁，没有仁心、仁行，虽有礼乐的仪文是不够的。

注释

①**人而不仁**：作为一个人，却没有仁爱之心。

②**如礼何**：犹言"奈礼何？"指虽有礼的仪节，但没有仁心，失其根本，又有什么用呢？"如……何"，为反诘或询问的语气，表示怎么样对待的意思。

解读

孔子以为礼乐显示于外者，只是一种形式，一种象征。其实礼的根本在于诚敬，乐的根本在于和谐，而诚敬与和谐又源自于一个人内心的仁。如果缺乏仁心，礼乐就失去了实质的意义，只剩下空洞的仪节，不能产生任何作用。

无奈世人往往只注重外在的仪节，而忽略了内在的义涵，所以孔子深致感慨，并提醒世人：应掌握根源，礼乐才能发挥其效益。

相关名言

◎仁者礼乐之质；礼乐者仁之文。

——【北宋】陈旸《乐书》

◎如果把礼仪形式看得高于一切，结果就会失去人与人真诚的信任。

——【英国】培根

（八）

子曰："礼云礼云，玉帛云乎哉①？乐云乐云，钟鼓云乎哉②？"

——《阳货》

章旨

孔子慨叹当时只知徒具礼乐虚文，而未讲求其本质。

由上三章可知礼乐应重其根本而不能徒事虚文。

注释

①礼云礼云，玉帛云乎哉：礼啊礼啊，难道仅是指玉帛等礼物吗？玉，圭璋之属。帛，丝织物之总称。前二"云"字为语助词，相当于"啊"。"云乎哉"的"云"字为表反诘的语助词，含有"如是"之意。此句言礼主敬，而玉帛等礼品为其文饰，遗其本而专事其末，岂可称之为礼？

②乐云乐云，钟鼓云乎哉：乐啊乐啊，难道仅是指钟鼓等乐器吗？钟鼓，乐器。此句言乐贵和，和而发之以钟鼓则为乐，若专事钟鼓而遗其本，岂可称之为乐？

解读

此章指出世人行礼作乐，往往徒具形式，不明本质。

玉帛乃古代诸侯会盟、朝聘（古代诸侯定期朝见天子之礼）时所持之赘礼，为礼的形式；钟鼓是诸侯会盟、朝聘或民间祭典中所奏的乐器，为乐的形式。礼仪的作用，在使人言行有准则，人伦有次序，并以之巩固邦国，推动政令，而其根本精神，在于恭敬。乐的作用，在于和顺人心，抒发情绪，进而移风易俗，其根本精神，在于和谐。可是当时一般人，却忽略其根本精神，只在玉帛的礼品上求铺张，钟鼓的演奏上求敷衍。故孔子深致慨叹，并以提醒世人。

相关名言

◎乐至则无怨，礼至则不争，揖让而治天下者，礼乐之谓也。

——《礼记·乐记》

◎按照礼仪和客套的节奏行事，就会使最丰富的感情干涸。

——【法国】巴尔扎克

一、 当孔子答复子贡"贫而无谄，富而无骄"未若"贫而乐，富而好礼"后，子贡即引《诗经》"如切如磋，如琢如磨"以证，其意义何在？

二、 恭、慎、勇、直都是美德，为什么"无礼"就不行呢？

三、 从孔子对林放问礼之本的回答，以及孔子以为礼乐不可徒具虚文，可见礼乐的根本是什么？

论诗礼乐

求仁得仁的国学大师陈寅恪

子贡问孔子:"伯夷、叔齐是什么样的人?"孔子说:"古代的贤人。"子贡又问:"他们心存怨恨么?"孔子说:"他们求仁而得仁,又有什么怨恨呢?"可见孔子对伯夷、叔齐的褒扬之情。伯夷、叔齐这样的仁人贤士,他们不屈从于艰难时势,坚守正义,追求理想,捍卫这不绝如缕的文化价值,为理想而献身,无怨无悔。

在中国近现代史上,也有这样一位仁人贤士,他身世显赫,家学深厚,学贯中西。他出生于清末乱世,可谓生不逢时,后来又两遭世界大战,晚年目盲足残,最终在"文化大革命"中凄凉离世。虽然他生不逢时,目睹过山河破碎,晚年又亲见传统文化惨遭蹂躏,但他以一身之躯,毅然捍卫思想之自由、精神之独立,足见我泱泱中华之文化,虽屡经蹂躏,但斯文不丧,历久而弥新,代有传承之人。此人就是陈寅恪。

陈寅恪(1890-1969),祖籍江西修水,生于湖南长沙。祖父陈宝箴曾任湖南巡抚,支持戊戌变法运动。父亲陈三立为"同光体"诗派的代表人物。陈寅恪小时候受过良好的传统文化教育,打下了深厚的国学基础。同时他还系统学过数学、英文、音乐、绘画、体育等课程,眼界扩及东洋。1902年,陈寅恪随兄衡恪东渡日本求学。1905年,他因足疾辍学回国,后就读于上海复旦公学。1910年,他又自费留学,先后就读于德国柏林大学、瑞士苏黎世大学、法国巴黎高等政治学校。第一次世界大战爆发后回国。1918年,他获得江西官费资助,再度出国游学,先在美国哈佛大学学梵文和巴利文,后又转往德国柏林大学攻读东方古文字学,学习中亚古文字、蒙古语,具备阅读梵、巴利、波斯、突厥、西夏、英、法、德八种文字的能力。

1925年,陈寅恪回国,受聘于清华大学国学研究院。他与著名学者王国维、梁启超、赵元任合称清华国学四大导师。1927年,王国维自沉于昆明湖,英年早逝。后陈寅恪撰写王国维纪念碑铭,称"士之读书治学,盖将以脱心志于俗谛之桎梏,真理因得以发扬。思想而不自由,毋宁死耳"。肯定了王国维的学术成就,表彰他"独立之精神,自由之思想"。

1937年7月,抗日战争爆发,日军直逼平津。陈寅恪的父亲陈三立义愤绝食,溘然长逝。陈寅恪料理完丧事后,随校南迁至昆明。

1939年,牛津大学拟聘任陈寅恪,但因战事紧急,他最终未能赴任,辗转流徙于中国西南。当时，国难当头，民不聊生，而国民党当局粉饰太平，一些御用文人恬不知耻，甚至有人请顾颉刚撰写九鼎铭词为蒋介石祝寿。陈寅恪写诗讽刺道："九鼎铭词争颂德，百年粗粝总伤贫。"在艰难时势中，陈寅恪笔耕不辍，先后出版了《隋唐制度渊源略论稿》、《唐代政治史述论稿》两部著作。

解放前夕，陈寅恪拒绝了"中央研究院"历史语言研究所的邀聘，栖身岭南，任职于中山大学，践行"独立之精神，自由之思想"，终身不再越过岭北。晚年他目盲足残，以坚忍不拔的意志，完成了八十余万字的皇皇巨著《柳如是别传》。"文化大革命"十年浩劫，陈寅恪饱受折磨，他珍藏多年的大量书籍、诗文稿，多被洗劫。1969年10月7日，一代哲人在广州赍志以殁。

陈寅恪长期致力于教学和史学研究工作。他热爱祖国，治学严肃认真，实事求是，在史学研究中写出了高水平的史学著作，为人们开拓了历史的视野，对我国史学研究做出了贡献。

《论语·微子》篇说："微子去之，箕子为之奴，比干谏而死。孔子曰：'殷有三仁焉。'"王国维自沉昆明湖，陈垣坚守沦陷区，陈寅恪栖身岭南，中国近代亦有"三仁"焉。

1.【2008年复旦大学自主招生题】

下列句子中"怨"的含义与另三项不同的一项是( )

    A.诗可以群,可以怨

    B.离群托诗以怨

    C.天下纷然,怨声载道

    D.屈平之作《离骚》,盖自怨生也

2.【2006年复旦大学自主招生题】

中国古代文论中的"兴",它被提出来主要用于阐释( )

    A.《诗经》

    B.《乐府》

    C.《古诗十九首》

    D.《楚辞》

3.【2005年复旦大学自主招生题】

请列举出六艺。

4.【2009年高考语文天津卷】

阅读下列文字,按要求作答。

    旅途是一幅展开的山水长卷:大漠孤烟,长河落日,松间明月,石上清泉……一路走来,尽收眼底;细细品味,意趣盎然。那岸边的垂柳,柔条如发,随风摇曳;_____,_____,_____。置身于旭日清风的抚慰,流连于茂林修竹的环抱,静听鸟语,轻嗅花香,有何胸中块垒不可化解? 有何尘世污秽不可荡涤?

    (1)"大漠孤烟,长河落日"化用了唐朝诗人_____《使至塞上》的诗句。

    (2)"茂林修竹"出自晋人王羲之的《_____》。

    (3)仿照"岸边的垂柳,柔条如发,随风摇曳"一句,在横线处将上文补写完整。

    答:_____

5.【2009年清华大学自主招生题】

    诗歌《旅夜书怀》(杜甫):"细草微风岸,危樯独夜舟。星垂平野阔,月涌大江流。名岂文章著,官应老病休。飘飘何所似,天地一沙鸥。"将其翻译成英文,并解释诗歌的背景、意义。

6.【2007年高考语文北京卷】

读下面这首诗,完成1—3题。(7分)

芣苢①

采采芣苢,薄言②采之。采采芣苢,薄言有③之。

采采芣苢,薄言掇④之。采采芣苢,薄言将⑤之。

采采芣苢,薄言袺⑥之。采采芣苢,薄言襭⑦之

注释:①选自《诗经·周南》,这是妇女们采集野菜时唱的民歌。 芣苢:车前草名,可食。 ②薄、言:都是语助词,无实义。③有:得到。④掇:摘取、拾取。⑤将:成把地握取。⑥袺:手持衣角盛物。 ⑦襭:把衣襟掖在腰带间装物。

1. 《诗经》使用赋、比、兴手法,本诗使用的手法是_____。(1分)

2. 这首诗生动地表现了采集野菜的劳动过程。这种过程在诗中是怎样具体表现出来的? (2分)

答:_____

3. 前人读这首诗说,反复讽咏,"自然生其气象"。你读这首诗,眼前出现了什么样的景象? 请概括描述。(4分)

答:_____

7.对联题

(1)【2009年高考语文安徽卷】

将下面的短语组成两副七字对联,并填写在相应的横线上。(4分)

芝兰绕阶 黄牛耕地 翠柳迎春 桃李满目

千里绿 春绣锦 座凝香 万山金

新春对联:_____;

教师办公室对联:_____。

（2）【2010年高考语文重庆卷】

有人用"千里为重，广大为庆"来解释"重庆"二字。请你以此为开头，续写一副对联。要求：能够体现重庆精神，上下联续写部分分别在8—20字之间。

千里为重，_____；

广大为庆，_____。

（3）【2009年北京大学自主招生题】

对对联

上联：博雅塔前人博雅

下联：_____

引　言

　　孔子因为在教育上有杰出的成就，被大家尊称为"至圣先师"、"万世师表"。其教育理念和方法，大略如下：

　　一、有教无类：孔子教导学生，不分贵贱贫富，"自行束脩以上"者，无不施教。这种"有教无类"的作法，打破了过去学在官府，教育只是贵族专利的成规，开启了私人讲学的风气，使得平民都有受教育的机会。

　　二、因材施教：孔子施教能针对受教者的资质、个性、志趣的差异而施予适当的指导。他曾说："中人以上，可以语上也；中人以下，不可以语上也。"又告诉子路有父兄在，不可自专；告诉冉有要剑及履及的力行。对弟子之不能举一反三则不再说明，却对无知的人详尽的教导。这都是为了要因材施教的缘故。

　　三、启发与类推：孔子不采强迫、填鸭式的教学，他诱导学生要主动思考，当弟子思考不得要领、想说而又说不出来时，他才去开导、启发。又要求学生触类旁通，不可死读死记。

　　四、不言与不屑之教：孔子教导学生要躬行体认，不可专在言语上寻求，所以他说："予欲无言"。既然不言是教，那么拒绝也是教，所以孔子故意不见孺悲，以行不屑之教，冀其自我省悟。

　　我们所处的时代与环境虽然与孔子大不相同，但他所提示的这些原则，仍具有很大的参考价值，可以作为我们的借鉴。

子曰：“自行束脩以上①，吾未尝无诲焉②！”

——《述而》

章旨

孔子自述对来学者无不加以教诲。

注释

①**自行束脩以上**：即使是带着薄礼而来学习的。自，苟、即使。行，动词，此处有致送、带来之意。束脩，十脡干肉。脩，干肉，十脡（音tǐng，切成条状的干肉）为束，故曰束脩。古者相见，必执贽（音zhì，见面礼物）以为礼。弟子来学，奉束脩以为贽，仅为一份薄礼。

②**吾未尝无诲焉**：我从没有不加以教导的。焉，之，指自行束脩以上的人，兼有句末语助词的作用。

解读

本章历来有很多不同的诠释，问题都出在“自行束脩以上”这句话。其实“束脩”在古代只是一种薄礼，象征着执礼者的诚敬，大可不必与“利”的成分混为一谈，认为孔子收受学费，有违其“有教无类”的理想。

由于仁心善性乃人人所固有，非由外铄（外来的陶铸。铄，音shuò，以火销镕金属）而来，所以天下没有不可教导之人，可是也必须求道者具真诚意愿，施教者才有其着力之处，否则言者谆谆（诚恳、苦口婆心的样子。谆，音zhūn），听者藐藐（轻忽的样子，徒然而无功）。

本章可见孔子具有诲人不倦的精神，但他更重视的乃是学生自动自发的向道之诚。

相关名言

◎凡学之道，严师为难。师严然后道尊，道尊然后民知敬学。

——《礼记·学记》）

◎有修之心则来学，而因以教之。若未能有自修之志而强往教之，则强教无益。

——【清】王夫之《诗广传》

（二）

互乡难与言①。童子见，门人惑②。子曰："与其进③也，不与其退也。唯何甚④？人洁己⑤以进，与其洁也，不保其往⑥也。"

——《述而》

章旨

记孔子认为只要存上进之心，就值得嘉许。

注释

①**互乡难与言**：互乡这地方的人，很难与之谈论道理。互乡，乡名，其乡之人习于不善，难以与之言善。

②**惑**：疑惑，此指疑夫子不当见之。

③**与其进**：赞许其有上进之心。与，音yù，赞许。进，上进。

④**唯何甚**：何必做得太过分。唯，助词，可不必译出。

⑤**洁己**：修洁自己，即"洁身自好"之意。

⑥**不保其往**：不必追究其过去行为的好坏。保，守，引申有记住、追究之意。往，过去。

解读

"互乡"是鲁国的一个地名，当今之何地，已不可考。大概是此地之人不太通情达理，一般人很难与他们沟通意见。今孔子接受其童子之求见，使门人困惑不解。

试问孔子之理由何在？因为孔子肯定人人都具有仁心善性，人人都可以求学上进。只要一个人目前洁身自爱，一心向善，就应施予教诲，不必追究其过去的习染是否不善，否则绝人太甚，则阻断其自新求进之门路。

由此章可见孔子与人为善的态度，以及不念旧恶、成就后进、有教无类的精神。

相关名言

◎能够忏悔的人，无论天上人间都可以不咎既往。

——【英国】莎士比亚

◎一个人刚刚从错误中走出来，就不要再去踩他的痛脚。

——【瑞士】裴斯塔洛齐

（三）

子曰："不得中行①而与之②，必也狂狷③乎！狂者进取，狷者有所不为也。"

——《子路》

章旨

孔子言不得中道而教之，乃想到次于中道之狂者、狷者，因为他们都有可取之处。

注释

①**中行**：犹言"中道"；在此指能依循中庸之道待人处事，无过与不及的人。

②**与之**：把道传授给他（他们）。与，结交。之，指中行之人。

③**狂狷**：狂，有大志而好进取的人，但有时好高骛远，或有过于中庸。狷，音 juàn，有气节而有所不为的人，但有时过于拘谨，而不及中庸。

解读

本章之中，孔子提到三种人：中行者、狂者与狷者。所谓"中行者"，是指言行合于中庸之道的人，其人不偏不倚，无过无不及，既能坚守原则，又能通权达变。狂者，是指志向远大，有进取心，不苟同于流俗的人，这种人往往放荡不拘，肆意无隐。狷者，是指操节耿介，拘谨保守之人，这种人信守原则，有所不为。

然而中行者太少了，孔子感叹"不得中行而与之"，于是退而求其次。狂者虽过于中庸，但有理想、有抱负，积极进取；狷者虽不及中庸，但操守耿介，廉洁自爱。前者有为，后者有守，虽各有所偏，但仍不失为可造之材，故孔子有所取之。

相关名言

◎人有不为也，而后可以有为。

——《孟子·离娄下》

◎走得最远的人，常是愿意去做，并愿意去冒险的人。稳妥之船，从未能自岸边走远。

——【美国】卡内基

（四）

子曰："有教无类①。"

——《卫灵公》

章旨

孔子自述教育理念。

上四章显现孔子热心教育之精神。

注释

①**有教无类**：不分贫富、贵贱、智愚、贤不肖，我都一视同仁，加以教诲。类，类别、等级。

解读

"有教无类"的"类"字，朱熹以为指气习的善恶，皇侃以为指地位的贵贱，考查孔子弟子的类别，以上两种解释都合于孔子的主张。"类"进一步还可以包括智商的高低、个性的差异、家境的贫富等。孔子认为教育的机会人人平等，就今日而言，这是对基本人权的认定，也是对教育引人向善、变化气质功能的肯定。

孔子之前，学在官府，教育是贵族的专利；孔子首开私人讲学，让学术平民化。此一"有教无类"的创举，不仅激发了学术的发展，也开启了"布衣卿相"的政治格局，因此后人称孔子为中国第一位平民教育家。

197

相关名言

◎漂亮的孩子人人都喜欢，而爱难看的孩子才是真正的爱。

——【苏联】赞可夫

◎在教育中没有主次之分，犹如在一朵鲜花的众多花瓣之中无所谓主要花瓣一样。

——【苏联】苏霍姆林斯基

（五）

子曰："中人^①以上，可以语上^②也；中人以下，不可以语上也。"

——《雍也》

章旨

孔子言教导人，当随其资质之高下来告知他不同深度的道理。

注释

①**中人**：资质中等的人。人之资质，大约可分三等：上智、中人、下愚。

②**语上**：告诉他较高深的道理。语，音yù，告诉。

解读

教育的任务在于发现各人的特长，并且训练他们尽量发展自己的特长。圣人之施教，就教育精神言，理应有教无类；但是就施教的方式和内容言，应该依人聪明才智的差异而有所不同。否则，中人以下者，若强告以高深的道理，不但不能理解，而且容易误解，任意躐等而进，反而不能实践。所以孔子因材施教，教导弟子们应先在切问近思上下工夫，然后渐进于高远。

本章所谓"可以"、"不可以"，并非表示绝对的肯定与否定，而是"可能"与"不可能"的意思，属于客观的认定，不是主观的判断。

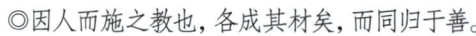

相关名言

◎因人而施之教也，各成其材矣，而同归于善。

——【明】王守仁《别王纯甫序》

◎教育以人的资质为依据，才具有真实的和伟大的意义。

——【俄国】别林斯基

（六）

子路问："闻斯行诸①？"子曰："有父兄在②，如之何其③闻斯行之？"冉有问："闻斯行诸？"子曰："闻斯行之！"公西华曰："由也问：'闻斯行诸？'子曰：'有父兄在。'求也问：'闻斯行诸？'子曰：'闻斯行之！'赤也惑，敢问④？"子曰："求也退⑤，故进之⑥；由也兼人⑦，故退之⑧。"

——《先进》

章旨

记孔子施教，依学生的个别差异而有不同。

上二章显现孔子能因材施教。

注释

①**闻斯行诸**：听到一件合于义理的事就去做它吗？闻，指闻义。斯，则、就。诸，"之乎"二字的合音。

②**有父兄在**：有父兄在上，不能自作主张。

③**其**：语气副词，起加强语气的作用。

④**敢问**：胆敢请问原因何在？敢，谦词，自言冒昧。

⑤**退**：指性格谦退。

⑥**进之**：鼓励他积极前进。

⑦**兼人**：指气势太盛。兼，胜、加倍。

⑧**退之**：指节制使他谦退。

解读

对一个具有观察力的教师来说，学生的思想、个性及内心活动的细微表现，都逃不过他的眼睛。如果他对这些视若无睹，就很难成为良师。

孔门弟子中，子路的个性，好强争胜，勇于力行，这固然是种长处，但有时不免轻率莽撞，欠缺冷静思考，可能有害于事，属于狂者，所以孔子抑制其刚勇之气，希望他有所节制。冉求个性谦退，这原本也是一种优点，但他有时遇事退缩，缺少勇往迈进的精神，属于狷者，所以孔子给予适当的鼓舞，勉励他勇于实践。

由此章可知，孔子施教，注重个体的独特性，使各不相同的心灵能自由创造，保有活泼的生机。

199

相关名言

◎导人必因其性，治水必因其势。

——【东汉】徐幹《中论·贵言》

◎教思之无穷也，必知其人德性之长而利导之，尤必知其人气质之偏而变化之。

——【清】王夫之《四书训义》

（七）

子曰："吾有知乎哉？无知①也。有鄙夫②问于我，空空如③也，我叩④其两端⑤而竭焉⑥。"

——《子罕》

章旨

孔子自谦无知，但能竭诚教人。

注释

①**无知**：没有知识，不能通达事理。此孔子自谦之辞。

②**鄙夫**：鄙陋无知的人。

③**空空如**：诚恳的样子。空，通"悾"，音kōng，忠厚诚恳。

④**叩**：反问。

⑤**两端**：两头；指问题之始终、本末、上下、精粗等。

⑥**竭焉**：详尽地教导他。焉，之，指鄙夫，兼有句末语助词的作用。

解读

"无知"不只是缺少知识而已，有时是一种观念的偏执，企图以自己所知去涵盖解释一切。孔子自谦"无知"，是对学问本质的无限性有所理解，因而产生谦虚的心理，如此，进德修业才能日进不已。

至于孔子假设有鄙夫来问，则竭尽所能解答其问题，不以灌输的方式教导，而是使用启发式的教法，经由讨论与分析，使其培养判断是非的能力，而后知所抉择。由此可见孔子循循善诱的教育方法与诲人不倦的精神。

201

相关名言

◎只有当你不断地致力于自我教育的时候，你才能教育别人。

——【德国】第斯多惠

◎认识吾人之无知，乃智慧之起源。

——【英国】哈耶克

（八）

子曰："不愤不启①，不悱不发②。举一隅③，不以三隅反④，则不复⑤也。"

——《述而》

章旨

孔子自述教学重在启发，勉励学者自动求进，触类旁通。

注释

①**不愤不启**：不是到了心想求通而未得时，就不去开导他。愤，心求通而未得。启，开导。

②**不悱不发**：不是到了想说出来而不能表达时，就不去引发他。悱，音fěi，口欲言而未能。发，引发。

③**隅**：音yú，方角。物之方者，有四隅。

④**反**：还以相证，有类推之意。

⑤**复**：再告诉。

解读

西方哲学家怀特海在《教育的节奏》一文中说："教育如果不以引发创造力开始，并以鼓励创造力告终的话，必定是错误的教育。因为教育的全盘目的，即在产生自动的智慧。"

事实上，唯有在受教者"心想求通而未得"、"口欲言而未能"时，给与他启示，才格外有力量；受教者有需要，才显现启的价值。犹如在森林中迷了路，惶急万分时，有人指示他沿着流泉的水迹，找到一条出路一样。

由是可知，教育，与其把学生当作鸭子填入一些零碎知识，不如给他们几把钥匙，使他们可以自动的去开发文化的金库和宇宙的宝藏。

相关名言

◎一个坏的教师奉送真理；一个好的教师则教人发现真理。

——【德国】第斯多惠

（九）

子曰："予欲无言。"子贡曰："子如不言，则小子何述①焉？"子曰："天何言哉！四时行焉②，百物生焉③，天何言哉？"

——《阳货》

章旨

孔子行不言之教，指示门人求学要在躬行处体认，不可专在言语上寻求。

注释

①**小子何述**：弟子们要遵循什么呢？小子，弟子自称之词。述，遵循。

②**四时行焉**：春夏秋冬四季依序运行。

③**百物生焉**：指万物生生不息。百物，万物。

解读

儒家之道，修己治人，经世致用，皆从笃行实践中显示其意义和价值。语言文字只是传授知识、接受知识的媒介，若执着于言辩，而忽视自我的实践与体验，则是舍本逐末，对于为学做人，毫无助益。孔子的教育有言教、身教，也要求学生在力行中去自我体悟。但学生往往只注意其言语传道之功，因此不太了解孔子"予欲无言"的深意。此处孔子以天为例，谓天无言而四时行、百物生，勉励学生行健不息，不要在言语上寻求。

近人钱锺书《管锥编》云："立言之人句斟字酌，慎择精研；而受言之人往往不获尽解，且易曲解而滋误解。"以语文沟通情境如此不易，则吾人进修德业，岂能专在言语上寻求？

相关名言

◎自古圣贤之言学也，或以躬行实践为先，识见言论次之。

——【明】林希元《罗整庵困知记序》

◎讲得一事，即行一事，行得一事，即知一事，所谓真知矣。徒讲而不行，则遇事终有眩惑。

——【明】王廷相《与薛君采书》

◎真正的教育不在于口训，而在于实行。

——【法国】卢梭

（十）

> 孺悲[1]欲见孔子，孔子辞以疾[2]。将命者[3]出户[4]，取瑟而歌，使之闻之[5]。　　——《阳货》

章旨

记孔子对孺悲施以不屑之教诲，促使他能够自省。

由上四章可见孔子教导人，或唯恐不尽，或注重启发，或行不言之教、不屑之教，因应个别差异，以达到教育的目标。

注释

①**孺悲**：鲁人，尝学士丧礼于孔子。

②**辞以疾**：推辞有病，不接见。

③**将命者**：传话的人。将，传达。命，辞令、言辞。

④**出户**：走出房门。

⑤**使之闻之**：使传话的人听闻歌声，知道孔子不是真的有病。第一个"之"，指传话的人。第二个"之"，指歌声。

解读

教育是人格的成长，人只有靠教育才能成人。教育的重要于此可见。对一位诚挚的教育园丁而言，他可以用不同的方法来教导学生，却没有选择教育对象的权利。孔子说"有教无类"，孟子说"教亦多术（方法）矣"，就是这个道理。

孺悲有过，求见孔子，孔子认为他不能自爱上进，而拒绝教诲他，希望他能因此感悟而自我省思改过。圣人施教，不直指他人过恶，使无日新之途。辞以疾，弦歌以示意，以委婉的方法提醒孺悲退而思过，其中即含有惕励之深意在。无论施教的方式为何，总是可见圣人一片诲人不倦的诚心。

相关名言

◎教亦多术矣！予不屑之教诲也者，是亦教诲之而已矣。

——《孟子·告子下》

◎教学方法是教师和学生为完成教养任务，而进行理论和实践认识的途径。

——【苏联】巴拉诺夫

问题与讨论

一、何谓中行者？何谓狂者？何谓狷者？试检视之，你是近于哪一类的人？

二、孔子曾说他"诲人不倦"，却又说"举一隅，不以三隅反；则不复也"。是否有矛盾之处？请说出其理由。

三、孔子对子贡等的不言之教和对孺悲的不屑之教，各具有什么意义？

四、由于孔子曾言"自行束修以上，吾未尝无诲焉"，因此有人戏言他是最早收受补习费的人，有违其"有教无类"的原则，你的看法如何？

五、什么叫启发式教学？什么叫填鸭式教学？请依你的受教经验，提出来与同学共同讨论。

诲人不倦的儒学大师

—— 钱穆

子曰："予欲无言。"又说："天何言哉？四时行焉，百物生焉，天何言哉！"数千年来，许多老师默默地以身教教经义，青年学子则从温润中汲取了千年文化的精髓，以滋养心灵。

对学中国历史文化的人来说，钱穆先生是中国历史文化的权威诠释者之一，他的影响力遍及海峡两岸。1930年，钱先生在燕京学报发表的《刘向歆父子年谱》一文，就已震动当时的北平学术界。抗战时期，他撰写《国史大纲》，坚持国人对国史必须具有温情和敬意，对史学界影响深远。

1949年，钱穆先生在极艰难穷困的环境中于香港创办了新亚书院，上溯宋明书院讲学精神，旁采西欧大学导师制度，以人文主义之教育宗旨，沟通东西文化。因为担心学生缴不出学费，他除了注册生外，还有试读生及旁听生。有的学生营养不良以致患病，当时书院也要照顾。钱先生学习"武训行乞办学"之精神，四处张罗经费。新亚的教授不乏享有盛名的学者，但所领的薪酬却极为微薄，甚至经常领不到薪水。教授们努力写稿，拿稿费资助书院。当时的港英政府为了表示尊崇，在1955年赠予钱先生香港大学名誉博士学位。

1967秋，钱先生自港赴台，经由朋友介绍，购买了一块靠近东吴大学的坟地，委请妻舅胡美璜设计建筑。新居落成后，钱穆以母亲故居之名命名新居为"素书楼"。钱先生在其间弦歌不辍二十二年，他神采飞扬地讲学，总能让听者感受到中国文化之博大精深，并深受感动。

钱先生自师范学校毕业后，从1912年历任小学、中学、大学教师，直至1986年自台湾中国文化大学退休为止，坚守教育岗位七十五年。1986年6月9日是钱先生告别杏坛的"最后一课"，宋楚瑜先生等都赶赴素书楼上课。先生对前来上课的学生语重心长地说："你是中国人，不要忘记了中国！"然后，正式宣布退休。

1990年，钱先生迁出素书楼，是年八月卒于台北市杭州南路家中，享年九十六岁。孔子说："默而识之，学而不厌，诲人不倦，何有于我哉？"正是钱先生一生最好的写照。

1.【2010年高考语文辽宁卷】

下列各句中，加点的成语使用正确的一项是

A. 这位油画家的高原风貌主题油画虽然很受欢迎，但是他不轻易创作，因此，他挂在画廊墙上待价而沽的作品并不多。

B. 他儿子正值豆蔻年华，理应专注于科学文化知识的学习，没想到却整天沉迷于网络游戏，现在连初中都读不下去了。

C. 奶奶去世已经十年了，但她生前对我的疼爱之情我却一直铭记于心，耿耿于怀，这份情和爱我任何时候都不会忘记。

D. 近期的一场大火使我们损失惨重，连回家的路费都没有了，恳请各位高抬贵手，接济我们一点，以便我们度过难关。

2.【2009年高考语文浙江卷】

阅读下面的文字，完成后面的问题。

大学教育的主旨，在于培育能积极推动民族进步的一代新人。"一代新人"是领受现代文明之精神、在道德上自觉自律的独立人格，具有民族关怀和社会责任感，同时又能够在平凡的工作中发挥其个性和才华，为社会的文明发展作出脚踏实地的贡献。因此，今天重提"知识分子"这一概念，具有特别重要的意义。

专家与知识分子这两个概念并不重合。术业有专攻，固然是重要的，但未必就能从中形成一个知识分子的精神气质、天下关怀的人生态度和敢于怀疑、敢为天下先的批判精神。如果大学只能培养出与社会的多元职业结构相一致的各类专家，那么，我们民族的精神存在将不再可能在一个特定的人群中获得其自我意识和自我表达。一旦民族的所有成员都被充分融入到社会的利益体系中去，社会的良知就将失去其表达器官，民族的命运将被无声地操纵于资本逻辑之手。

大学通识教育的一个最重要的目标，就是守护知识分子代代相继的可能性。而这个目标，在进体内已被逐渐遮蔽了。对大学的教学成果和学生的学习成绩的评价标准，已被纳入了学分制的轨道。这是一种单纯的功能主义的教学体制。要限制其弊端已经非常困难。因此，对于通识教育的培养目标和教学方法的探索，正是一条可以救治眼下的机械、呆板的学分制弊端的现实道路。

年轻一代的大学生不得不在市场经济中获得自己的一席之地，这是十分现实的事情。但这并不意味着一定与志存高远的人生理想相矛盾，绝不意味着他们将来仅仅是能够谋生或得到较高收入的专业人士。真正的青春饱含生命的热情，能够运用思想、提出理想并且为实现理想而从事生命奋斗。竺可桢先生当年说道："诸君来到大学，万勿存心只要懂得了一点专门技术，以为日后谋生的地步就算满足"，"大学教育的目标，绝不仅是造就多少专家，如工程师医生之类，而尤在乎养成公忠坚毅，能担当大任、主持风会、转移国运的领导人才。"守护中国知识分子的继续存在，是理解大学推行通识教育意义的必要高度。通识教育成功与否，将对中国大学的前进和它们在全球化背景中的国际地位具有深远的影响。

中国的大学不是西方大学的预科，虽然势头未减的留学潮本身并非坏事，一个开放的中国当然要对整个人类的学术事业作出贡献。但是，在留学潮背后所隐藏着的中国大学的实际地位，不能不引起我们的思考。一个没有文化自觉的大学，在国际竞争中的实力，在根本上就是可疑的。如果我们更关注的只是大学的当下排名，却遗忘了在这种排名背后的真实基础，这将是令人感到悲哀的。任何一所大学，其国际排名的真实基础，都在于有一个卓然自立、具备文化创造力的知识分子群体的存在，这个群体能够为自己民族的文明发展、并仅仅因此也能为人类文明的进展作出贡献。

(1)下列对"今天重提'知识分子'这一概念，具有特别重要的意义"的原因解最恰当的一项是

    A. 知识分子具有独立的人格、民族关怀和社会责任感。

    B. 知识分子是与专家并不重合的概念，具有独特含义。

    C. 大学过分注重培养适应社会多元职业结构的各类专家。

    D. 大学要注重培养学生在市场经济中获取自己地位的能力。

(2)下列对"文化自觉"的理解不正确的一项是

    A. 重视对通识教育培养目标和教学方法的探索。

    B. 重视对具有文化创造力的知识分子群体的培养。

    C. 注重培养大学生高远的人生理想并激发其生命热情。

    D. 注重全球化背景下的国际地位与国际竞争的实力。

(3)下列观点符合文意的一项是

    A. 大学教育的重要目标在于培养具有民族精神的知识分子而非有专攻的专家。

    B. 通识教育的价值之一在于突破单纯功能主义的教学体制，力保知识分子群体的存在。

    C. 目前大学教育的最大问题在于偏离社会良知，导致民族命运被操纵于资本逻辑之手。

    D. 通识教育的推行，能够提升中国大学的国际地位和大学生在市场经济中的竞争力。

(4)请用一句话概括本文的主旨。

    答：_____

论政治
（选十六章）

引　言

　　社会的安定与人民的富足和谐，是孔子最大的心愿。他讲道德、倡仁政、育人才，最终的目标就是希望这种理想能够实现。

　　论及孔子的政治主张，主要有德治与正名。所谓德治，就是以道德来教化人民，以礼来引导人民，以乐来陶冶人民，使其自动自发，努力向上。如此则人民不但有羞耻心，而且能达到善的地步。所谓正名，即循名求实，依名守分；也就是说君、臣、父、子各种身分的人，都能各尽本分。如此就不会名实不符，越职侵权，而造成社会失序、政治悖乱的情形。

　　基于德治的理念：孔子主张为政者须以自身的修养，作人民的表率，如此才能风行草偃，化民为善；其次，他强调施政要能掌握大目标，不可急功近利；在财政上要减少税敛，在司法上则应体民恤刑。如此施政，教养并行，必能获得人民的信服，收到"近者说，远者来"的效果。

　　总之，道德教化可以促成政治臻于理想，正名可以整饬伦常纲纪。而他强调德治，却非反对法治，排斥刑罚；只因他认清"法者禁于已然之后"（《大戴礼记·礼察》），了解到以法治人，民心不服，社会将隐藏危机，绝非正本清源之道。此一理念，在今日推行法治的时代，是相当值得深思的。

（一）

子曰："道之以政，齐之以刑，民免而无耻；道之以德，齐之以礼，有耻且格。"

——《为政》

章旨

孔子论用道德礼教治国，比用政令刑罚更能引导人民向善。

注释

①**道之以政**：用政令法制来引导人民。道，音dǎo，"导"的古字，引导、教导。政，政令法制。

②**齐之以刑**：用刑罚来整饬人民，使之归于一律。齐，整饬。

③**民免而无耻**：人民只求苟且避免触犯政令、遭受刑罚，但无羞耻之心。

④**有耻且格**：人民不仅有羞耻心，且能归服。格，至、到达。

解读

孔子论治道虽主张以德化民，但是，他也明白人类天赋不齐的事实，因此，国家不可废除法令刑赏之事。然而政刑之用有限，所以孔子之治术倾向于扩大教化的效用，缩小政刑的范围。

"德治"与"法治"，是中国社会数千年来辩论不休的课题。现代政治潮流的趋向，实行民主法治已是必然的途径。只是纯任法治亦有其流弊，如果法律能尊重人文精神，讲求法治的同时，亦能重视道德教化的推行，如此将会使法治更为落实，社会更为和谐。

相关名言

◎古人善为天下者，计大而不计小，务德而不务刑。

——《新唐书·陈子昂传》

◎天堂不必讲法治，而老虎与羔羊可同席；地狱崇尚律法，而且严格执行"正当法律程序"的原则。

——【美国】吉尔摩

（二）

子之①武城②，闻弦歌之声③。夫子莞尔④而笑曰："割鸡焉用牛刀⑤？"子游对曰："昔者，偃也闻诸夫子曰：'君子学道⑥则爱人，小人⑦学道则易使⑧也。'"子曰："二三子⑨！偃之言是也。前言戏之耳⑩！"

——《阳货》

章旨

孔子见子游能以礼乐治理武城，流露出心中之喜悦。

注释

①之：往、到。

②武城：鲁邑，在今山东省费县。时子游（言偃）为武城宰。

③弦歌之声：弹琴唱歌的声音。言以礼乐为教，故邑人弹琴瑟，唱诗歌。

④莞尔：微笑的样子。

⑤割鸡焉用牛刀：杀鸡何必用宰牛的刀呢？比喻治理小邑，何必采用礼乐大道？

⑥君子学道：君子学习礼乐之道。君子，指在上位者。道，谓礼乐之道。

⑦小人：指庶民。

⑧易使：容易遵从在上位者之教令。

⑨二三子：谓诸弟子。

⑩前言戏之耳：刚才所说的话，是同他开玩笑罢了。之，指言偃。耳，而已。

解读

春秋时代，礼乐崩颓，教化废弛。子游任武城邑宰，恢复礼乐之教，弦歌之声即子游以礼乐教化武城民众的具体表现。

近代论政治之功用者，不外治人与治事二端。孔子认为政治的主要工作乃在教化人民，非以治人，更非治事，所以政治与教育同功，君长与师长共职。他的政治理想是以教化为主体，建立大同社会，而教化的内容即为礼乐。礼乐乃治国平天下的大道，今子游行礼乐教化于小邑，正如牛刀杀鸡。孔子言外之意，一方面对子游的施政表示欣慰；一方面惋惜子游大材小用，不能治理千乘之国，使礼乐大行于天下。

中华文化基础教材（上）

相关名言

◎移风易俗莫善于乐；安上治民莫善于礼。

——《孝经·广要道章》

◎化民莫如善教。

——【北宋】蔡襄《端明集》

（三）

叶公问政。子曰："近者说，远者来①。"

——《子路》

章旨

孔子以"近说远来"答叶公问政。

上三章言为政当以德教礼乐为主，期使众人受感化，以收近悦远来之效。

注释

①**近者说，远者来**：近处的百姓蒙其恩泽而心悦诚服，远方之人闻其风教而来归附。说，为"悦"的古字。

解读

政之所兴，在顺民心；政之所废，在逆民心。在上位者若能乐民之乐，则民亦乐其乐；忧民之忧，则民亦忧其忧；如此，自然会得到人民的信服。否则，倒行逆施，不以人民之忧乐为忧乐，必定导致众叛亲离。

所谓"近者说，远者来"，指近者获得适当照顾，远者乃闻风前来归附，形成一种因果关系。而想要收到这种成效，更根本的原因就在于施政能以民为念。

相关名言

◎有道之主，以百姓之心为心。

——【唐】吴兢《贞观政要·直谏》

◎最坚强的统治是属于最能左右国民之心的统治者。

——【荷兰】斯宾诺莎

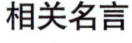

（四）

子路问："卫君①待子而为政，子将奚先②？"子曰："必也正名③乎！"子路曰："有是哉，子之迂④也！奚其正⑤？"子曰："野⑥哉，由也！君子于其所不知，盖阙如也⑦。名不正，则言不顺⑧；言不顺，则事不成；事不成，则礼乐不兴；礼乐不兴，则刑罚不中⑨；刑罚不中，则民无所措手足⑩。故君子名之必可言也⑪，言之必可行也。君子于其言，无所苟⑫而已矣！" ——《子路》

章旨

孔子教导子路为政必先正名。

注释

①卫君：指出公辄；卫灵公之孙，蒯聩之子。灵公卒，蒯聩因出亡在外，卫人立辄，拒蒯聩返国。后晋国助蒯聩返卫，蒯聩得国，辄出奔，史称辄为出公。卫出公四年，孔子自楚至卫。

②奚先：何事为先？奚，何，指何事。

③正名：正名分，即正君臣、父子等的名分。

④迂：音yū，迂阔而远离事实，谓不切实际。

⑤奚其正：何必正什么名分。奚，何、何必。其，助词。

⑥野：粗率。

⑦盖阙如也：就搁置一旁而不谈。盖，则、就。阙，音quē，通"缺"，搁置。如，然，词尾，无义。

⑧不顺：指不顺于理。

⑨刑罚不中：刑罚因不合理而失当。中，音zhòng，适当、符合。

⑩无所措手足：人民生活不能自安，好像手足没地方安置一样。措，安置。

⑪名之必可言也：所定的名义，一定有理由可说得出来。名，定名义，动词。

⑫无所苟：不可苟且随便。

解读

春秋时代，上失其势，不仅大夫僭（超越本分，音jiàn）于诸侯，诸侯僭于天子，甚至大夫也僭越天子的礼乐。孔子有见于此，想要振衰起弊，于是主张正名以定分：有君之名，须有君之实，须守君之本分；有臣之名，须有臣之实，须守臣之本分。如此，才能循名责实，一切措施才有法度规矩可循，而不至于使人民无所适从。

蒯聩与卫出公，父子二人争位，可谓父不父，子不子，是以孔子回答如果为政于卫国，必以正名为先，固有其时代背景的考量。

相关名言

◎没有什么东西比正当的名分与高贵的信誉，更有力地支撑着一个政府。

——【古罗马】西塞罗

◎合法而稳定的权力在使用得当时，很少遇到抵抗。

——【英国】约翰逊

（五）

齐景公^①问政于孔子，孔子对曰："君君，臣臣，父父，子子^②。"公曰："善哉！信如^③君不君，臣不臣，父不父，子不子，虽有粟^④，吾得而食诸^⑤？"　——《颜渊》

章旨

孔子告诉齐景公，治国之道在于修明人伦。

注释

①**齐景公**：齐国国君，姓姜，名杵臼，景为谥号。鲁昭公末年，孔子因鲁乱而适齐。景公问政，当在此时。

②**君君，臣臣，父父，子子**：言为君者尽君道；为臣者尽臣道；为父者尽父道；为子者尽子道。"君"、"臣"、"父"、"子"，首字为主语，指为君、为臣、为父、为子的人；次字为谓语（句中主语以外的成分，说明主语的单位），指尽君道、尽臣道、尽父道、尽子道。

③**信如**：诚如，是说真是这样子的话。

④**粟**：指米粮。

⑤**诸**："之乎"二字的合音。

解读

　　齐景公为人优柔寡断，又喜亲近谗佞之臣，国家政治并不清明。其大夫陈氏沽名钓誉，广纳民心，有专权迹象。且景公年届六十，儿子众多，却迟迟不立世子，于是齐国公子多怀异心，彼此猜忌。凡此皆足以动摇国本。是以景公问政，孔子特别以君臣父子人伦之道提醒他。可惜景公虽同意孔子的看法，却不能确实施行，终于导致日后陈氏篡齐的祸害。

相关名言

◎人人亲其亲，长其长，而天下平。

——《孟子·离娄上》

◎君明臣直，国之福也；父慈子孝、夫信妻贞，家之福也。

——《慎子·逸文》

（六）

子曰："不在其位①，不谋其政②。"

——《泰伯》

章旨

记孔子说明居官行政，不可越职侵权。

上三章言施政者首须正名，然后循名以定分。

注释

①位：官位、职位。

②政：政事。

解读

本章乃针对政府百官而言，对庶人论政，孔子并不反对，观《左传》襄公三十一年记载，子产不毁乡校，听乡人在此论政，孔子称其仁，即可知之。

国家设官分职，官必有职，职必有权，既受命为某种职官，就应依诚信的原则，行使职权，不得旷职，亦不得越权。何谓旷职？居其位不谋其政，尸位素餐者就是。何谓越权？不在其位谋其政，越俎代庖者就是。旷职不可，越权亦不可。这是百官所应守的纪律。

孔子告诫为官者："不在其位，不谋其政。"以免扰乱官纪，言下亦有在其位当谋其政之意在焉。

相关名言

◎治世，位不可越，职不可乱。

——【春秋】邓析《邓析子》

◎有官守者，不得其职则去；有言责者，不得其言则去。

——《孟子·公孙丑下》

（七）

子夏为莒父①宰②，问政。子曰："无欲速③，无见小利。欲速，则不达；见小利，则大事不成。"

——《子路》

章旨

孔子告诉子夏，为政不可急求近功，不可贪图小利。

由此章可见施政当具有远大之目标。

注释

①莒父：鲁国邑名，在今山东省莒县。父，音fǔ。

②宰：邑宰、邑长。

③无欲速：不要只想求速效。无，通"毋"，不要。

解读

处理政事，有一定的程序与必须的时间，若贪求急效，或只图眼前的利益，势必难以成事。

鲁定公十四年（公元前496年），鲁晋交恶，鲁国畏惧晋国前来攻击，遂于莒父筑城以自卫。子夏此时为莒父宰，负有筑城以巩固边疆之重任，却又须顾及民众之负担。正因有此背景，所以子夏问政时，孔子答以"无欲速，无见小利"。依孔子之意，筑城之事虽急，但不宜躁进，否则民力不胜负荷，反而误事。至于施工材料方面，计算不能过分苛细，否则造成偷工减料，岂非得不偿失。

由上述可知，本章孔子之言，当意有所指。

相关名言

◎人君之大患也，莫大于详于小事，而略于大道；察其近物，而闇于远图。

——【东汉】徐幹《中论·务本》

（八）

子曰："其①身正，不令②而行；其身不正，虽令不从。"

——《子路》

章旨

孔子说明为政以修身正己为先。

注释

①**其**：指在上位的人。

②**令**：命令、教令。

解读

居上位的人，必先正己，这是良好政治的开端，用不着严刑峻法，社会风气自然会趋向良善。如果自身不正，一味下令要求人民，这是没有什么效果的。孔子主张为政以德，包含两方面：一是对百姓进行教化，导之以德；一是对在上位者提出要求，首先正己。他提出对上位者的要求，想对上位者有所约束，这是具有积极意义的。所谓"上梁不正下梁歪"，当一个领导者，自己要做到，才有资格要求属下，即使在今天亦是如此。

相关名言

◎禁之以制，而身不先行，民不能止。

——《晏子春秋》

◎行有不得者皆反求诸己，其身正而天下归之。

——《孟子·离娄上》

（九）

季康子①问政于孔子曰："如杀无道②，以就有道③，何如？"孔子对曰："子为政，焉用杀？子欲善，而民善矣！君子④之德风，小人⑤之德草，草上之风，必偃⑥。"

——《颜渊》

章旨

孔子告诉季康子，为政不必用刑杀，而应修德行仁，化民于善。

上二章言在上位者当以身作则，使民向化而趋于善。

注释

①**季康子**：鲁国上卿，姓季孙，名肥，康为谥号。

②**杀无道**：诛杀暴虐的人。

③**就有道**：成全有道德、肯向善的人。就，成。

④**君子**：指在上位者。

⑤**小人**：指人民。

⑥**草上之风必偃**：风吹草上，草必会仆倒。比喻在上位者以德化民，则人民遵从其德化，必定有如草被风所吹，而随风仆倒一般。草上之风，即草加之（它）以风。上，加。之，指草。偃，音yǎn，仆倒。

解读

所谓"杀无道，以就有道"，即是杀作奸犯科者，以求杀一儆百，成全好人向善。但孔子以为政治并不需要刀光剑影，杀并不能根本解决问题。这和老子所说的"民不畏死，奈何以死惧之"有异曲同工之妙。

孔子除了反对治国刑杀的方式之外，他也提出自己的德治主张，就是人民的善恶，取决于在位者是否能以道德作表率，使人民感化向善，以收到良好的效果。这里孔子用一个很好的譬喻，他将"君子之德"比喻作"风"，"小人之德"比喻作"草"，由于草都是随着风的方向而倾倒，所以在位者的所作所为，影响百姓非常大，在位者必须先正己为善，才能将国家治理好。

219

相关名言

◎君仁莫不仁，君义莫不义，君正莫不正，一正君而国定矣。

——《孟子·离娄下》

◎国王如果在一个百姓的园子里取一颗苹果，臣属就会砍走一棵果树。

——【波斯】萨迪

（十）

子曰：“道^①千乘之国^②，敬事而信^③，节用而爱人，使民以时^④。”

———《学而》

章旨

孔子论治国的原则，有敬、信、节、爱、时五项。

注释

①**道**：“导”的古字，引导。

②**千乘之国**：指拥有兵车一千辆的诸侯之国。乘，音shèng，古代兵车，一辆用四匹马牵引，称为一乘，配有甲士三人，步卒七十二人。

③**敬事而信**：谨慎处理政事，诚信对待人民。敬，谨慎郑重。

④**使民以时**：征调百姓服役，依循适当的时间（如不违农时）。以，依、按照。

解读

本章记孔子论治国的原则，首先要“敬事而信”，就是处理任何政事，都必须谨慎郑重，考虑周延，并以诚信的态度对待人民，使政令施行无碍，这样才能建立威信，使人民对政府有信心。其次要“节用而爱人”，就是要节省用度，不可随意挥霍，浪费民脂民膏，这才是爱护人民。若在位者穷极奢侈，追求个人享乐，必定会增加人民的负担，人民如何安居乐业呢？最后要“使民以时”，就是征调百姓服役，应依循适当的时机，也就是农闲的时候。因为古代以农业生产为主，施政必须配合农民的作息，才不会影响人民的生计，动摇国本。综观本章内容，虽分三方面论述，但其出发点不外乎“爱民”，这也是孔子最重要的治国理念。

相关名言

◎用之亡度，则物力必屈。

———【西汉】贾谊《论积贮疏》

◎国保于民，民保于信，非信无以使民，非民无以守国。

———《资治通鉴》

（十一）

仲弓为季氏①宰，问政。子曰："先有司②，赦小过③，举贤才。"曰："焉④知贤才而举之？"曰："举尔所知，尔所不知，人其舍诸⑤？"　　　——《子路》

章旨

孔子教仲弓，为政要能设官分职，赦免小过，举用贤才。

注释

①**季氏**：鲁大夫季孙氏。

②**先有司**：先任官吏而后责其事。有司，即官吏。古代设官分职，事事有专人主办，故称职官为有司。司，主管办理。

③**赦小过**：饶恕有司所犯的小过失。赦，音shè，饶恕。

④**焉**：何、怎么。

⑤**人其舍诸**：他人难道会舍弃他而不推荐吗？其，岂，难道。舍，"捨"的古字。诸，之乎。

解读

孔子在本章中举出为政的三个原则。一是"先有司"。就是先要设官分职，再选择适当的人担任不同的职务，最后要求他有绩效，这样权责划分清楚，政事才能顺利推行。其次是"赦小过"。领导者对于属下要有宽宏的胸襟，如果属下不经意犯了小错，应该让他有改过迁善的机会，这不但是爱惜人才的作法，也是领导者"宽以待人"的修养。第三是"举贤才"。要提拔有才能的人。贤才难得，如何才能知道谁是贤才呢？孔子于是进一步告诉仲弓，必须先要主动去发掘人才，先就自己所知道的加以提拔，别人看到你能知贤用贤，自然会向你推荐，就不怕有所遗漏了。

相关名言

◎为官择人，不可造次，用一君子，则君子皆至，用一小人，则小人竞进矣。

——《资治通鉴》

◎只有伟大的君主，才能识别具有才能的人。

——【德国】歌德

（十二）

子夏曰："君子信^①而后劳其民；未信，则以为厉己^②也。信而后谏^③；未信，则以为谤己^④也。"

——《子张》

章旨

子夏论使民事上之道在于以诚信获得信任。

上三章言治国施政的重要原则。

注释

①信：指得到人民信任。下文"信而后谏"的"信"，指臣下得到君主的信任。

②厉己：虐待自己。厉，病，有加害、虐待的意思。己，人民自指。

③谏：进谏。

④谤己：毁谤自己。己，君主自指。

解读

本章是子夏论使民事上的道理，皆在于一个"信"字。前半是讲使民的道理，一个领导者，必须赢得人民的信任，知道你是真心为国家、为大众谋福利，这样你指挥他们做事，他们才会心甘情愿。如果没有赢得人民的信任，你要他们做事情，他们会以为你在追求私利，虐待他们。后半则是讲事君的道理，当一个臣子也要先赢得君上的信任，知道你是忠心耿耿，敬爱他的，这样你劝谏他的缺失，他才会接受。如果没有赢得君上的信任，就鲁莽劝谏，君上不但不听，反而以为你故意在毁谤他，这是非常危险的。我们常说"交浅不可以言深"，也是这个道理。

223

相关名言

◎马先驯而后求良，人先信而后求能。

——【西汉】刘安《淮南子》

◎诚意孚于未言之前，则言出而人信之。

——【明】吕坤《呻吟语》

（十三）

子适①卫，冉有仆②。子曰："庶③矣哉！"冉有曰："既庶矣，又何加④焉？"曰："富之⑤。"曰："既富矣，又何加焉？"曰："教之。"

——《子路》

章旨

孔子教冉有，治民之道在先富后教。

注释

①**适**：前往。

②**仆**：御，驾车。

③**庶**：指人口众多。

④**何加焉**：进一步该替他们做些什么呢？加，增益。焉，代词兼句末语气词，相当于"于是"。

⑤**富之**：使人民生活富足。富，动词。之，人民。

解读

本章很清楚地表现出孔子治国的步骤：首先要求人口繁庶，其次再求人民生活富足，最后则以礼乐教化百姓。春秋时代以农业经济为主，农业生产需要仰赖人力，所以人口多寡是决定国势强弱的一个标准。人口多了之后，如果人民生活困苦，反而会造成社会不安定。因此孔子接着主张要使人民生活富足，这样才不会有"饥寒起盗心"，作奸犯科的情事发生。又生活富足之后，人民往往会流于"饱暖思淫欲"，这时候必须要提升人民精神生活的境界，所以孔子主张要教化百姓。唯有透过礼乐教化，才能加强人民的文化水准、道德涵养，这样生活品质才能提升，也是国家长治久安之策。

相关名言

◎凡治国之道，必先富民。民富则易治也，民贫则难治也。

——《管子·治国》

◎大众教育应当是政府的第一课题。

——【法国】拿破仑

（十四）

子贡问政。子曰："足食，足兵，民信之矣[①]。"
子贡曰："必不得已而去[②]，于斯三者何先？"曰："去
兵。"子贡曰："必不得已而去，于斯二者何先？"曰：
"去食。自古皆有死，民无信不立[③]。" ——《颜渊》

章旨

孔子告诉子贡为政之道有三：足食、足兵、民信，而以民信为首要。

上二章言施政当求富民强国，施行教化，而以能得人民之信服为最重要。

注释

①**足食，足兵，民信之矣**：粮食充足，军备整修，人民就信服政府了。兵，指国防军备。民信之，使人民信服。

②**去**：去除。

③**民无信不立**：言为政者不可失信于民，若人民不信服政府，则政教无从建立。

解读

此章言政权的存在，有三项要素：一是民生，即"足食"。一是国防，即"足兵"。一是政府的信用，即"民信之"。孔子以为在暂时不得已的情况下，政府的信用第一，民生问题第二，国防军备第三，因为政府的信用破产，政权就不能存在了。所以有形的"民生"与"国防"固然重要，但"政府的信用"这种无形的要素则更为重要，因为有了信用才能赢得人民的信赖与支持。

相关名言

◎不宝金玉，而忠信以为宝。

——《礼记·儒行》

◎国宝于民，民宝于信。

——《资治通鉴》

（十五）

季氏富于周公①，而求也为之聚敛而附益之②。子曰："非吾徒③也，小子④鸣鼓而攻之⑤可也！"

——《先进》

章旨

孔子责备冉求为季氏聚敛。

注释

①**季氏富于周公**：季氏功业爵禄皆不如周公，却比周公富有。周公协助武王平定天下，又辅佐成王，位高禄厚，又屡得封赏，家境富裕。

②**而求也为之聚敛而附益之**：但是冉求替季氏搜括民财，更增加季氏的财富。求，冉求，时为季氏宰。为，音wèi，替。聚敛，加重赋税，搜括民财。附益，增添。两"之"字，皆指季氏。

③**徒**：门徒。

④**小子**：指弟子，此处为老师对学生的称呼。

⑤**鸣鼓而攻之**：揭发其罪状而加以讨伐谴责。鸣鼓，击鼓使鸣，公开声讨。攻，攻击。之，指冉求。

解读

季氏，指鲁国执政大夫季康子。鲁哀公时，季康子执政。哀公十一年（公元前484年），齐国出兵伐鲁，幸而冉求率领季氏的私人军队，打了一次胜仗，使齐师退却；又赖子贡出使吴国，说服吴王派遣军队，组成吴鲁联军，再败齐师，鲁国才因此转危为安。季康子由于这次胜利，骄横不可一世，并计划以防备齐国为理由，借机增加田赋。冉求是季氏的家臣，深得季氏的信任与倚重，却没有尽到劝谏的责任，以匡救季氏搜括民财的缺失。故孔子非常沉痛地表示要和冉求划清界限，不承认这个学生，并鼓动其他学生敲着鼓去声讨他的罪状。孔子对冉求的痛责，其实是对季氏的谴责。由本章可见孔子重视民生，反对重税的主张。

相关名言

◎夫弊政之大莫若贿赂行而征赋乱。

——【唐】柳宗元《答元饶州论政理书》

（十六）

孟氏①使阳肤②为士师③。问于曾子。曾子曰："上失其道④，民散⑤久矣！如得其情⑥，则哀矜⑦而勿喜。"

——《子张》

章旨

曾子教阳肤掌理刑狱当体恤民情，心存恻隐。

上二章言为政应体恤民情，勿横征暴敛、滥用刑罚。

注释

①孟氏：鲁大夫孟孙氏。

②阳肤：曾子弟子。

③士师：掌理刑狱的官。

④上失其道：指上位的人丧失了教养人民的正道。

⑤民散：人民流离失所。

⑥情：实情。

⑦哀矜：指伤痛怜恤人民因无知而犯罪。矜，怜悯。

解读

本章记载曾子回答学生阳肤如何当司法官的道理。曾子告诉阳肤：当一个司法官，固然要用心办案，破获不法，以遏阻犯罪，但更重要的是要有悲天悯人的仁心，怜恤那些没有经过教养，因无知而犯罪的百姓，千万不要自以为精明而沾沾自喜。

儒家主张德治，如果在位者能重视教化，人民"有耻且格"，根本用不着刑法。但像鲁国当权的世卿，如季氏，剥削、压榨百姓，既不能养民，使民生富裕，又不能施行教化，使民有美善的品性和行为，以致民心涣散，乖离情义，迫于生计，铤而走险，轻易犯罪。孔子说："不教而杀谓之虐。"（《尧曰》)，这也是曾子最为痛心之所在。

相关名言

◎法者，辅治之具，当以教化为先。

——【明】薛瑄《读书录》

◎文明国之制刑，不在惩恶，而在劝善。

——【法国】孟德斯鸠

问题与讨论

一、 孔子论政，以为用礼乐、刑政治民的成效，有何不同？

二、 孔子认为"道之以政，齐之以刑，民免而无耻"，与今日强调的民主法治是否有矛盾之处？请加以说明。

三、 何谓正名？当子路问及"卫君待子而为政，子将奚先"时，孔子答以"必也正名乎！"请说明其理由。

四、 俗语说："上梁不正下梁歪。"政治上是否也是如此？请列举孔子的话以参证之。

五、 "足食、足兵、民信"为施政之要，孔子以为何者最重要？请说明其理由。

六、 曾子告诉弟子阳肤办案时"如得其情，则哀矜而勿喜"，为什么？

1.【2010年高考语文全国I卷】

下列各句中,加点的成语使用正确的一项是(　　)。

A. 现在我们单位职工上下班或步行,或骑车,为的是倡导绿色、地毯生活。尤为可喜的是,始作俑者是我们新来的局长。

B. 几年前,学界几乎没有人不对他的学说大加挞伐,可现在当他被尊奉为大师之后,移樽就教的人简直要踏破他家的门槛。

C. 他是当今少数几位声名卓著的电视剧编剧之一,这不光是因为他善于编故事,更重要的原因是他写的剧本声情并茂,情节曲折。

D. 旁边一位中学生模样的青年诚恳地说:"叔叔,这些都是名人的字画,您就买一幅吧,挂在客厅里不仅美观大气,还可附庸风雅。"

2.【2008年天津大学自主招生题】

在下列句子中的横线上填上恰当的成语。

(1)在足球赛中,传球技术再高,控制球能力再强,若缺乏临门一脚的射门技术,也会＿＿＿＿＿＿＿＿。

(2)联合国安理会有明确的职权范围,不应＿＿＿＿＿＿＿＿,介入其他机构处理的事情,特别应尊重联合国大会的权威。

(3)为迎接奥运,出租车司机学普通话、说普通话已＿＿＿＿＿＿＿＿,令来津的游客刮目相看。

(4)灾情就是命令,时间就是生命。面对险情,面对生命的呼唤,普通百姓没有丝毫的迟疑和退缩,用自己最朴素无华的行动,将中华民族"一方有难,八方支援"的传统美德诠释得＿＿＿＿＿＿＿＿。

3.【2009年复旦大学自主招生题】

魏徵《谏太宗十思疏》"虑壅蔽,则思虚心以纳下"两句翻译,选择比较合适的一项(　　)。

A. 如果考虑到言论被堵塞,自己被蒙蔽,就想到要虚心地接纳下级人员参政。

B. 应该忧虑言论被堵塞,自己被蒙蔽的问题,并想法尽量虚心地接纳下面人的意见。

C. 一当考虑到言路被阻塞,视线被蒙蔽,就要想想怎么虚心地接纳下面人的意见。

D. 考虑到有言论堵塞视听受蒙蔽的危险,应一致想着如何虚心地接纳下面人的意见。

4.【2010年高考语文湖北卷】

阅读下面的文言文,完成后面的问题。

原 弊

【宋】欧阳修

农者,天下之本也,而王政所由起也。古之为国者未尝敢忽,而今之为吏者不然,簿书听断而已矣,闻有道农之事,则相与笑之曰:鄙。夫知赋敛移用之为急,不知务农为先者,是未原为政之本末也。知务农而不知节用以爱农,是未尽务农之方也。

古之为政者,上下相移用以济。下之用力者甚勤,上之用物者有节,民无遗力,国不过费,上爱其下,下给其上,使不相困。一夫之力,督之必尽其所任;一日之用,节之必量其所入。一岁之耕,供公与民食,皆出其间而常有余。故三年而余一年之备。今乃不然,耕者,不复督其力;用者,不复计其出入。一岁之耕供公仅足,而民食不过数月。甚者,场功甫毕,籧糠麸而食秕稗,或采橡实、畜菜根以延冬春。不幸一水旱,则相枕为饿殍。此甚可叹也!

国家罢兵,三十三岁矣。兵尝经用者老死今尽,而后来者未尝闻金鼓、识战阵也。生于无事而饱于衣食也,其势不得不骄惰。今卫兵入宿,不自持被而使人持之;禁兵给粮,不自荷而雇人荷之。其骄如此,况肯冒辛苦以战斗乎?就使兵耐辛苦而能斗战,虽耗农民,为之可也。奈何有为兵之虚名,而其实骄惰无用之人也。

古之凡民长大壮健者皆在南亩,农隙则教之以战,今乃大异,一遇凶岁,则州郡吏以尺度量民之长大而试其壮健者,招之去为禁兵;其次不及尺度而稍怯弱者,籍之以为厢兵。吏招人多者有赏,而民方穷时争投之。故一经凶荒,则所留在南亩者,惟老弱也。而吏方曰:不收为兵,则恐为盗。噫!苟知一时之不为盗,而不知终身骄惰而窃食也。古之长大壮健者任耕,而老弱者游惰;今之长大壮健者游惰,而老弱者留耕也。何相反之甚邪!然民尽力乎南亩者,或不免乎狗彘之食,而一去为僧、兵,则终身安佚而享丰腴,则南亩之民不得不日减也。故曰有诱民之弊者,谓此也。

(选自《欧阳文忠公集》,有删改)

(1)对下列语句中加点词的解释,不正确的一项是( )。

A. 则相与笑之曰:鄙　　　　　　鄙:卑鄙

B. 场功甫毕　　　　　　　　　甫:刚刚

C. 或采橡实、畜菜根以延冬春　　　　畜：通"蓄"

D. 籍之以为厢兵　　　　　　　　　　籍：登记

(2)下列各组语句中,全都表明不重视农业所造成的恶果的一组是(　　)。

① 一岁之耕供公仅足,而民食不过数月

② 不幸一水旱,则相枕为饿殍

③ 生于无事而饱于衣食也,其势不得不骄惰

④ 一遇凶岁,则州郡吏以尺度量民之长大而试其壮健者

⑤ 则南亩之民不得不日减也

⑥ 故曰有诱民之弊者,谓此也

A. ①②⑤　　　　B. ①③⑥　　　　C. ②④⑥　　　　D. ③④⑤

(3)下列对原文有关内容的分析和概括,不正确的一项是(　　)。

A. 作者认为农业是天下之本,当政者只知使用民力而不知爱惜民力是不可取的。

B. 作者通过古今施政的对比,揭示了宋朝农民在利益被严重侵害下的悲惨遭遇。

C. 作者认为,休战以来的士卒已经老迈,因此背军粮的任务只好雇请他人来做。

D. 作者指出,高大健壮的不种田,年老体弱的却在田地劳作,有时吃的是猪狗食。

(4)把画线的语句翻译成现代汉语。

而今之为吏者不然,簿书听断而已矣。

_____

耕者,不复督其力;用者,不复计其出入。

_____

苟知一时之不为盗,而不知终身骄惰而窃食也。

_____

5.【2009年北京大学自主招生题】

有腐败分子认为:腐败,是一种人人难免的"普遍本性",它有助于刺激消费、增进感情,有利于经济增长,无害于和谐社会。

请你写一篇文章,驳斥"腐败无害论"观点。要求:至少有5处正确引用古诗文,题目自拟,800字左右。

论古今人物与孔门弟子

（选二十章）

引　言

古今人物

　　孔子论古今人物，大抵以赞往圣、誉先贤为主，其用意在使弟子有学习的好榜样。对于时人，偶而也有些评论，不过都经过实际的考察，他说："吾之于人也，谁毁谁誉？如有所誉者，其有所试矣。"又说："众恶之，必察焉；众好之，必察焉。"（皆见《卫灵公》）可见其态度之审慎认真。

　　孔子所赞誉的人物，大抵有圣君唐尧、虞舜、夏禹，殷商贤人伯夷、叔齐，齐相管仲、晏婴，郑相子产，卫大夫孔文子等人。兹略述其行谊如下：

　　尧有崇高的政绩，良善的制度；舜能以天下为公；禹则除具有无私的胸襟以外，又能自奉俭约，尽力于民事。三者都具有大公无私的美德。伯夷、叔齐不念旧恶，具有宽以待人的胸襟。管仲不拘小信，辅佐齐桓公建立霸业，尊王攘夷，有维系历史文化的事功。晏婴与人交往，愈久愈为人所钦敬。子产谦恭有礼，忠君爱民。孔文子敏而好学，不耻下问。

以上诸人，其功业德泽或人格精神，都具有不同的典型与风范。"高山仰止，景行行止"，数千载之下，想望其风采，吾人当亦有所向往吧！

古今人物

孔子有教无类，毕生培育英才，据《史记·孔子世家》记载："弟子盖三千焉，身通六艺者七十有二人。"诚可谓绛帐鼎盛，桃李满门。不过由于史文有阙，见诸论语者仅三十人而已。

为了使同学们对孔门弟子有较深刻的认识，兹以曾和孔子在陈、蔡之间共患难的四科十哲为先，并其他较为重要者合计十七人，根据《史记·仲尼弟子列传》及其他相关资料稍作简介如下：

	论语中习见的称呼	名、字、籍贯、年岁	相关事例
1	颜渊	名回，字子渊，鲁人，少孔子三十岁。	1. 与父颜路同事孔子。 2. 敏而好学，闻一知十，不迁怒，不贰过，安贫乐道。 3. 后世尊为复圣。
2	闵子骞	名损，字子骞，鲁人，少孔子十五岁。	1. 少为后母所虐，因其至孝而母亦感悟。 2. 为人敬谨谦恭，性情恬淡，不乐仕进。
3	冉伯牛	名耕，字伯牛，鲁人，少孔子七岁。	孟子称他与闵子骞、颜渊略具圣人之规模。不幸因恶疾而死，孔子非常痛惜。
4	仲弓	姓冉，名雍，字仲弓，鲁人，少孔子二十九岁。	1. 气量宽宏，沉默厚重，有人君的气度。 2. 其父贱，孔子称其"犁牛之子，骍且角（毛色纯赤，角又周正。骍，音xīng。）与颜渊、闵子骞、冉伯牛并列于德行科。
5	宰我	名予，字子我，鲁人。年岁无可考。	1. 善为说辞，深于自信。仕齐，为临淄大夫。 2. 曾因昼寝，孔子责以"朽木不可雕也，粪土之墙不可杇（音wū，粉刷）也。"
6	子贡	姓端木，名赐，字子贡，卫人，少孔子三十一岁。	1. 有口才，能料事。尝游说吴出师抗齐以存鲁，为外交家。 2. 善货殖，在群弟子中，以富见称。 3. 与宰我并列言语科。
7	冉有	名求，字子有，鲁人，少孔子二十九岁。	1. 性谦退，有才艺。 2. 仕为季氏宰，为季氏聚敛，孔子斥之，劝其他弟子鸣鼓而攻之。

8	季路	姓仲，名由，字子路，又称季路，鲁人，少孔子九岁。	1. 性率直，好勇有政才，志高重信。 2. 曾为季氏宰、蒲国大夫。任卫大夫孔悝邑宰时，遇篡乱而被害，使孔子因之覆醢（音 hǎi，肉酱。覆醢，倒去肉酱。）。 3. 与冉有并列政事科。
9	子游	姓言，名偃，字子游，吴人，少孔子四十五岁。	性简约疏阔，熟习礼学。 曾为武城宰，行礼乐之教，孔子莞尔曰："割鸡焉用牛刀。"
10	子夏	姓卜，名商，字子夏，卫人，少孔子四十四岁。	1. 曾任鲁国的莒父宰，晚年设教于西河之上，为魏文侯师。 2. 与子游同列文学科。
11	曾参	名参，字子舆，鲁人，少孔子四十六岁。	1. 与父曾点（字晳）皆师事孔子。 2. 事亲至孝，性鲁钝，但志向坚毅。日三省其身，悟圣道一贯之旨，相传作《孝经》、《大学》。 3. 后世尊为宗圣。
12	子张	姓颛孙，名师，字子张，陈人，少孔子四十八岁。	1. 仪表极好，才貌过人。志概高远，好学善问。 2. 尊贤嘉善，犯而不校，特重修身立命大节。
13	公西华	姓公西，名赤，字子华，亦称公西华，鲁人，少孔子四十二岁。	熟习礼仪，长于外交，可束带立于朝，与宾客言。
14	樊迟	姓樊，名须，字子迟，鲁人（一说齐人），少孔子三十六岁。	具好问、好学精神。曾向孔子请学关于种植五谷、菜蔬的方法，孔子认为他志向不够宏大。
15	司马牛	姓司马，名耕，字子牛，宋人。年岁无可考。	世家贵族，其兄为宋司马桓魋（音 tuí）。孔子经过宋国时，桓魋曾欲加害之，孔子无惧，说道："天生德于予，桓魋其如予何？"后，桓魋作乱，司马牛有"人皆有兄弟，我独亡（无）"的感叹。其人性格稍急，但笃于兄弟之情。
16	有子	姓有，名若，字子有。鲁人，少孔子四十三岁。	1. 孔子卒后，门人曾以有若貌似圣人，欲以事孔子之礼事之。 2. 《论语》中，独以曾参、有若称子，故有人以为《论语》一书即曾子、有子门人所述者较多。
17	曾点	曾子之父，名点，字晳。鲁人。年岁无可考。	胸怀洒落，深受孔子叹赏。

孔门弟子之信而有征者大抵如是。他们之中，富、贫、狂、狷、愚、鲁（钝）等，样样都有，但在孔子的春风化雨之下，终能成德达材。尽管在当时他们的声光才情为孔子之圣德所掩，其人格精神皆化一于孔子，但孔子卒后，七十子之徒，游散于诸侯，或为师傅卿相，或友教士大夫，或授徒讲学，儒家思想之成为学术主流，孔门弟子发扬光大之功，实不可没。

（一）

子曰："大哉，尧之为君也！巍巍乎①！唯②天为大，唯尧则之③。荡荡乎④！民无能名焉⑤。巍巍乎，其有成功⑥也。焕乎⑦，其有文章。"　　——《泰伯》

章旨

孔子赞美尧的功德伟大，礼乐制度完美。

注释

①**巍巍乎**：崇高伟大的样子。

②**唯**：独、只有。

③**则之**：效法天。则，效法。之，指天。

④**荡荡乎**：广远的样子。

⑤**民无能名焉**：民众无法用言语来形容他的功德。名，动词，称述、形容。焉，之，指尧之功德。

⑥**成功**：指成就的勋业。

⑦**焕乎**：光明的样子，形容文采的灿烂。

⑧**文章**：指礼乐制度。

解读

最伟大的政治人物，是在人才方面和制度方面用心，使国家能够永续发展，百姓能够普遍获得恩泽，而不是仅仅使少数个人获得好处。帝尧之伟大，就是他那大公无私的美德。

儒家的政治哲学，孔、孟主张"法先王"，"言必称尧舜"，但由于年代久远，资料不足，尧、舜的事迹不如商周时代详备。孔子对于尧、舜等古代帝王的赞美，主要用意在为治国者标示理想的典型，树立效法的模范，有其积极的意义和价值。

相关名言

◎大丈夫心事，当如青天白日，使人得而见之可也。

——【明】薛瑄《读书录》

◎没有伟大的品德，就没有伟大的人。

——【法国】罗曼·罗兰

（二）

子曰："巍巍乎，舜、禹之有天下也，而不与焉①。"

——《泰伯》

章旨

孔子赞美舜、禹之功德伟大，胸怀宏阔，不以天下为私有。

注释

①**而不与焉**：却不以为天下是私有的。不与，犹言不相关；在此指不把持、不贪恋帝位的尊荣。与，音yù，参与。焉，于是，"是"指上文"有天下"这一回事。

解读

舜和禹都是儒家理想中的圣人，孔子赞美他们德行的崇高，不以天下为私有产业。春秋时期，周天子王权已经逐渐没落，诸侯们各自为政，为了一己的私利，弑逆篡夺的事情，层出不穷。孟子所谓"臣弑其君者有之，子弑其父者有之"确是事实。究其原因，莫不是由于为政者权力欲望过盛所致，将国家视为私有产业，争权夺利，以致于弊病丛生。孔子有见于此，特别称扬舜、禹天下为公的美德，对于当时的诸侯，具有警惕作用。

尧禅让舜，舜亦禅让禹，就禅让者说，是两位圣君都不以天下为私产，谁有贤德，谁有才能，谁有大功于人民，就把帝位禅让谁。至于就被禅让者说，舜、禹之所以得帝位，有天下，并不是因为事前他们心有所求，更不是他们凭借不正的心术和手段，而是由于他们的贤德、才能，特别是不辞劳苦、竭尽心力，孜孜不倦地造福人民，有大功于人民，从而赢得人民的爱戴和尧、舜的信任。

237

相关名言

◎天下非一人之天下也，天下之天下也。

——《吕氏春秋》

◎大其牖，天光入；公其心，万善出。

——【明】方孝孺《杂铭牖》

（三）

子曰："禹，吾无间然①矣！菲饮食②，而致孝乎鬼神③；恶④衣服，而致美乎黻冕⑤；卑宫室⑥，而尽力乎沟洫⑦。禹，吾无间然矣！"

——《泰伯》

章旨

孔子赞美夏禹能自奉俭约、敬事鬼神、尽力于民事。其所作所为，无可非议。

上三章为孔子赞颂尧、舜、禹之德业。

注释

①**间然**：谓指其缺失而非议之。间，音jiàn，间隙，指缺点，在此作动词用。然，助词，无义。

②**菲饮食**：使自己的饮食菲薄。菲，音fěi，薄。此处为动词之使动用法。下文之"恶"、"卑"亦同。

③**致孝乎鬼神**：祭祀鬼神时，祭品尽求其丰盛。致，尽力。乎，于。

④**恶**：粗劣。

⑤**黻冕**：祭祀时所穿戴的礼服礼帽。黻，音fú，礼服。冕，礼帽。

⑥**卑宫室**：使自己住卑陋的房舍。卑，低矮，有简陋之意。

⑦**沟洫**：田间的水道。洫，音xù，小水道。

解读

禹"菲饮食"、"恶衣服"、"卑宫室"，表示自奉之俭约；"致孝乎鬼神"、"致美乎黻冕"表示对神明、祖先的敬意与感恩之情；"尽力乎沟洫"乃言治水之功。其平生所勤劳的，是人民的事；所修饰的事，是宗庙朝廷的礼。故孔子对于此种克己为百姓、孜孜为人民的行为，赞赏不已。

相关名言

◎节俭则昌，淫佚则亡。

——《墨子·辞过》

◎历览前贤国与家，成由勤俭败由奢。

——【唐】李商隐《咏史》

（四）

子曰："伯夷、叔齐①，不念旧恶②，怨是用希③。"

——《公冶长》

章旨

孔子赞美伯夷、叔齐不念旧恶，有容人之雅量。

此章为孔子论殷商末年人物伯夷、叔齐之具有容人雅量。

注释

①伯夷叔齐：殷末孤竹国君之二子。父卒，二人互相让位，并往归西伯昌（即周文王）。及周武王起兵讨伐殷纣王，他们曾拦车劝阻。后武王统一天下，二子耻食周粟，隐居于首阳山，采薇而食，遂饿死。

②不念旧恶：不记挂过去的仇怨。念，记挂在心。旧恶，即夙怨，过去的仇怨。

③怨是用希：因此怨恨他们的人很少。是用，即"用是"，因此。希，通"稀"，少。

解读

"不念旧恶"是不计前嫌，可鼓励人们勇于改过，孔子有许多劝人勇于改过的言论可与此相发明。"不念旧恶"也是一种"恕道"工夫，伯夷、叔齐虽然清高自持，但只要人们能改过自新，他们也愿意与之为伍。具有容人的雅量，因此少有人会怨恨他们。

相关名言

◎能宽恕别人是一件好事，但如果能将别人的错误，忘得一干二净，那就更好。

——【英国】勃朗宁

◎当你宽容别人的时候，你就不会感到自己和别人站在敌对的位置。

——【法国】罗曼·罗兰

（五）

子贡曰："管仲非仁者与？桓公杀公子纠，不能死，又相之①。"子曰："管仲相桓公，霸诸侯②，一匡天下③，民到于今受其赐；微④管仲，吾其被发左衽矣⑤！岂若匹夫匹妇⑥之为谅⑦也，自经⑧于沟渎⑨，而莫之知⑩也。"

——《宪问》

章旨

孔子论管仲之功业，嘉惠天下后世者至大。

注释

①**管仲非仁者与四句**：管仲，名夷吾，字仲。桓公杀公子纠，此事之始末为：齐僖公生公子诸儿、纠、小白。僖公卒，诸儿立，是为襄公。襄公无道，鲍叔牙知祸乱将作，侍奉小白逃奔莒城。及襄公为公孙无知所杀，召忽、管仲侍奉纠逃奔鲁国。齐人杀公孙无知，小白自莒城先赶回齐国，被立为桓公。齐国要求鲁国杀纠，逮捕召忽、管仲送回齐国治罪。召忽自杀，管仲被囚。鲍叔牙向桓公推荐说管仲有贤才，桓公乃任命他为相国。子贡之意，以为管仲忘主事仇，不得为仁。相，音xiàng，辅佐。

②**霸诸侯**：使桓公成为诸侯之长。霸，古代诸侯联盟的首领，此作动词用。

③**一匡天下**：指尊周室，攘夷狄，使天下皆得到匡正。一，皆、完全。匡，正。

④**微**：非，不是。

⑤**吾其被发左衽矣**：我们可能会披散着头发，穿左襟的衣服，而沦为夷狄。其，大概、可能。被，通"披"，音pī，散开。衽，音rèn，衣襟。夷狄之俗，成人不束发，头发披散；且衣襟向左开，与华夏右衽之俗不同。

⑥**匹夫匹妇**：平民男女，指普通人。匹，一般。

⑦**谅**：小信。

⑧**自经**：上吊自杀。经，自缢。

⑨**沟渎**：田野的水沟。渎，音dú。

⑩**莫之知**：即"莫知之"，指为小信自杀而死，没有人知道他。之，指匹夫匹妇。

解读

春秋时代，诸侯兼并，战火频繁，管仲辅佐桓公尊王攘夷，成就霸业，不是采用兵车武力的方式，从而避免生民涂炭之灾，显然是一件大功德。管仲所建树的功业，都是关系大义、大节、大信和大公的天下大事，孔子曾特别称许他"如其仁！如其仁！"给与崇高的评价，理由在此。而这与批评管仲"器小、量狭"、"不知礼"者相比，充分展现孔子的真知灼见，也为评论古今人物，树立了楷模。

相关名言

◎世必有非常之人，然后有非常之事；有非常之事，然后有非常之功。

——【西汉】司马迁《报任安书》

◎义不当死，则慎以全身；义不可生，则决以致命。

——【清】王夫之《张子正蒙注》

（六）

子曰："晏平仲①善与人交，久而敬之②。"

——《公冶长》

章旨

孔子论晏婴善与人交。

上二章为孔子论齐管仲、晏婴之功业行谊。

注释

①**晏平仲**：姓晏，名婴，字仲，谥号平，齐国大夫，曾任齐灵公、庄公、景公之相，致力于改善民生，自奉则甚俭。

②**善与人交久而敬之**：善于与人交往，愈久愈为人所钦敬。

解读

晏平仲为春秋时代齐国的贤大夫，孔子游齐期间，对于晏子的为人有亲身的体验。本章就是记载孔子赞美晏平仲善于交友，重点在"久而敬之"一句。

朋友交往，开始时彼此情意笃厚，不难做到；能始终如一，维持友谊于不坠，比较困难。必须敦睦厚爱之心永不改变，友谊才能长久维持。一般人结交朋友，亲狎则礼衰，礼衰则不敬，不敬则往往因小事而反目成仇。晏子与人交往，时日虽久而礼敬不衰，确实值得我们效法。

相关名言

◎与人以实，虽疏必密；与人以虚，虽戚必疏。

——【南朝·梁】萧绎《金楼子》

◎如果你要别人喜欢你，或是改善你的人际关系；如果你想帮助自己也帮助别人，请记住这个原则：真诚地关心别人！

——【美国】卡耐基

（七）

子谓①子产②有君子之道四焉："其行己也恭③，其事上也敬④，其养民也惠⑤，其使民也义⑥。"

——《公冶长》

章旨

孔子赞美郑子产施政具有君子之道。

注释

①**谓**：评论。

②**子产**：姓公孙，名侨，字子产，郑国大夫，曾任郑简公、定公之相。公忠体国，施政宽猛并济。

③**行己也恭**：立身处世能谦恭。行己，指己身自处。也，表停顿的语气词。

④**事上也敬**：侍奉君上很诚敬。

⑤**养民也惠**：教养人民有恩惠。

⑥**使民也义**：使役民力极合宜。

解读

孔子对于春秋列国的贤大夫，多表敬重，其中，子产是他最倾慕心折者。本章赞美子产有君子之道四，即"行己也恭"、"事上也敬"、"养民也惠"、"使民也义"。"恭"是谦逊，"敬"是谨恪，"惠"是慈爱利民，"义"是合于道理，合于法度。以上四项，都是修己治人的大节，子产兼而有之，孔子对于子产的称美，可以说达到极致了。

243

相关名言

◎德惟善政，政在养民。

——《尚书·大禹谟》

◎愈自重者愈不敢轻薄天下人，愈坚忍者愈不敢易视天下事。

——梁启超

（八）

子贡问曰："孔文子①何以谓之文②也？"子曰："敏③而好学，不耻下问④，是以谓之文也。"

——《公冶长》

章旨

孔子说明孔文子谥"文"之原因。

上二章为孔子称赞郑、卫大夫子产及孔文子之行为表现。

注释

①**孔文子**：姓孔，名圉，谥号"文"。卫国大夫。曾事卫灵公、出公。

②**文**：周公《谥法》："勤学好问曰'文'。"

③**敏**：聪明。

④**不耻下问**：不以下问为耻。下问，向地位比自己低下或才学不如自己的人请教。

解读

谥号是一个人死后，总括其一生的事业、道德、学问、修养，给与定论，使后人能记取其特点。根据《左传》的记载，孔文子有家庭纠纷，但是，死后却谥号为"文"。子贡怀疑其为人与谥号名实不能相符，因而向孔子请教。

孔子以为，一般天资聪敏者，大多不好学；官位高显者，大多耻于下问。孔文子虽然聪敏却好学，官位虽高却不耻下问，因此可以谥为"文"。孔文子人品虽不完美，但孔子只就其优点加以发扬，而不揭发其短处，由此可见孔子重视"好学"、"好问"的精神，及其隐恶扬善，对人不求全责备的用心。

相关名言

◎知不足者好学，耻问者自满。

——【北宋】林逋《省心录》

◎伟人的过人之处愈多，愈认识到自己的不足。

——【法国】卢梭

（九）

子在陈曰：“归与^①！归与！吾党之小子^②狂简^③，斐然成章^④，不知所以裁之^⑤！”　　——《公冶长》

章旨

孔子在陈感叹理想难以实现，想要返回鲁国以裁成弟子。

由此章可见孔子感叹道不行，而欲传道于后，对弟子抱甚大之期望。

注释

①**归与**：回去吧！与，通“欤”。

②**吾党之小子**：吾党之小子，指在鲁国的那批弟子。党，古以五百家为党。此泛指乡里。小子，指弟子，即学生。狂简，志大而略于事。

③**狂简**：有志而耿直。

④**斐然成章**：学问修养已有一定的成就，文采可观。斐然，文采盛美的样子。斐，音fěi。成章，言其文理成就，有可观者。

⑤**所以裁之**：如何教导他们。所以，何以、如何。裁，剪裁、修正教导。

解读

狂简是指志向远大而阅历不足之辈，虽然他们不是“中道而行”的第一等人，但品性真诚，与虚伪不实的乡愿有别，孔子认为他们是能成大器的好材料。至于“斐然成章，不知所以裁之”则是一种比喻。斐然，是文采盛美的样子。犹言布匹已经织得文彩焕然，却不知如何裁剪，使其合身。言外之意，以为年轻人有理想、有冲劲是其长处，而草率轻狂则是其短处。孔子周游列国，其志本在推行仁政、德治的理想，然而“道终不行”，因此，很想回去专心教育弟子，以便造就日后能大用于世的贤才，使其有为有守，以便继承自己的心愿，发扬自己的主张。

相关名言

◎教养有道则天无枉生之才。

——孙中山

245

子曰："从①我于陈、蔡②者，皆不及门③也。"德行：颜渊、闵子骞④、冉伯牛⑤、仲弓。言语：宰我、子贡。政事：冉有、季路。文学⑥：子游、子夏。

————《先进》

章旨

孔子想念曾与他在陈、蔡共患难的弟子。

此章因孔子之感怀，而将共患难诸贤分科别其所长，后世因有"四科十哲"之称；他们皆一时之英才，故夫子不能忘情。

注释

①**从**：跟从、随行。

②**陈蔡**：二国名。孔子周游列国，曾受困于陈、蔡之间。

③**不及门**：指此时不在门下。

④**闵子骞**：姓闵，名损，字子骞，鲁人，孔子弟子。性情恭谨恬淡，以孝行著称。

⑤**冉伯牛**：姓冉，名耕，字伯牛，鲁人，孔子弟子。行事谨慎，以德行著称。

⑥**文学**：指擅长《诗》《书》、六艺、熟悉古代文献的特长。

解读

本章是孔子晚年思念弟子的感慨语。可分两部分来探讨：一是"子曰"的部分；一是以德行、言语、政事、文学区别弟子所长的部分。

《论语·卫灵公》曾记载孔子"在陈绝粮"事，当时跟从孔子在陈国的弟子，一个个饿得病倒，不能起来。后来派子贡前往楚国，楚昭王兴师迎接孔子，才为他们解围。这是孔子一生中历经艰难困厄，印象非常深刻的一次。想起当时临危不惧，坚持信念操守，以及患难与共、风雨同舟的师生情谊，而如今离散的离散，去世的去世，都不在门下了。抚今追昔，真是不胜感慨！

其次，是孔子以德行、言语、政事、文学四科区分弟子所长，这乃是孔子因材施教的良好成绩表现，后世所谓"四科十哲"，即本于此。至于德行列在第一，文学列在最后，这是有深意的，因为"德本文末"乃是孔子一贯的教育宗旨。正如《学而》篇所说："弟子入则孝，出则弟，谨而信，泛爱众，而亲仁。行有余力，则以学文。"其中入孝、出悌就是"德行"，谨信就是"言语"，爱众、亲仁就是"政事"，而"行有余力，则以学文"就是指"文学"。而四者虽有阶序之分，却以通才达德为成学之目标。

相关名言

◎管理众人的事就是政治。

—— 孙中山

◎美德不是装饰品，而是美好心灵的表现形式。

——【法国】纪德

（十一）

子曰："贤哉，回也！一箪食①，一瓢饮②，在陋巷③，人不堪其忧④，回也不改其乐。贤哉，回也！"

——《雍也》

中华文化基础教材（上）

章旨

孔子赞美颜回能安贫乐道。

注释

①**一箪食**：一小篓饭。箪，音dān，盛饭的圆形竹器。食，饭。

②**一瓢饮**：一瓢清汤。瓢，音piáo，用葫芦剖制成的舀水器具。饮，指喝的水。

③**在陋巷**：住在偏僻的巷子里。陋，偏僻，偏远。

④**人不堪其忧**：别人都不能忍受那种生活的愁苦。堪，忍受。忧，愁苦。

解读

颜回的饮食如此粗糙，居处如此简陋，在一般人都无法忍受的愁苦环境下，却不改变其向学之心与慕道之诚，而乐在其中，故孔子赞美其安贫乐道的精神。

然而我们必须了解，颜子之乐，不是乐"贫"，而是乐"道"。《论语》记载着很多孔子对富贵贫贱的看法：在个人修身方面，他认为士志于道，不当以恶衣恶食为耻，君子当谋道不谋食，他并不反对富贵，但鄙弃不义的富贵，也戒人勿以不正当的手段去除贫贱。至于治国之道，他则强调养民惠民，要使人民足食，生活富裕。"贫而乐道，富而好礼"可以说是他理想的社会。

在今日贫富悬殊的环境之下，我们也不必太高调，如果家境清寒，就要加倍努力，脱离贫困，使物质生活和精神生活取得平衡；若是家境富足，更要充实内在，提升品格。不论是贫是富，都应当追求一种更高的人生价值和理想。

相关名言

◎横逆困穷是锻炼豪杰的一副炉锤，能受其锻炼，则身心交益，不受其锻炼，则身心交损。

——【明】洪应明《菜根谭》

◎幸福并不在金币挥霍的房屋底下。

——【法国】巴尔扎克

（十二）

子曰："吾与回言终日，不违①如愚。退而省其私②，亦足以发③，回也不愚。" ——《为政》

章旨

孔子赞美颜回表面上好像是被动受教，实际上却能对所学默识心通，善加阐发。

注释

①**不违**：指不提反对意见和疑问。

②**省其私**：察看他私下的言行。省，音xǐng，察看。

③**发**：发挥、阐发。

解读

孔子是个非常重视启发教学的人，经常鼓励学生发问，然后引导开示。他说："不愤不启，不悱不发。"（《述而》）又说"不曰'如之何、如之何'者，吾末如之何也已矣！"（《卫灵公》）充分显示他希望学生能够思考、表达，随时提出问题，不能停顿在毫无反应的被动受教上。因此，对颜回的默默听受，不提反对意见和疑问，孔子第一个观感就是像个愚笨的人一样。然而这初步的判断，却和事实相反，经过私下的考察，颜回不但不笨，而是能对所学的内容默识心通，不仅亲身实践，还能进一步阐述发挥。

由本章我们可以认识颜回的优异天赋与性格特征，更了解到知人不易。孔子说："回也，非助我也，于吾言无所不说（通"悦"）。"（《先进》）也可于此处得到印证。

相关名言

◎大凡学问，闻之知之皆不为得；得者，须默识心通。

——【北宋】程颐《二十五程集》

（十三）

哀公问："弟子孰为好学？"孔子对曰："有颜回者好学，不迁怒①，不贰过②，不幸短命③死矣！今也则亡④，未闻好学者也。"

——《雍也》

章旨

孔子答鲁哀公之问，嘉许颜回好学，并深惜其短命而死。

上三章系孔子赞赏颜渊之道德修养与好学精神，并对其英年早逝备致惋惜之意。

注释

①**迁怒**：把愤怒移转到无关的人身上。迁，移。

②**贰过**：再犯同样的过失。贰，复、再一次。

③**短命**：指颜回早死。颜渊死时，或云年三十二，或云年四十一。

④**亡**：通"无"。

解读

不迁怒，是不把愤怒移转到无关的人身上；不贰过，是不再犯同样的过失，这两者都属于德行的涵养，而孔子则以颜回能做到此二者，称赞他"好学"，可见孔门之学是以德行为主。我们到学校求学，固然应该追求各种知识，但可千万不要忽略了德行的涵养才是求学的真正目标，除了把书读好，更重要的是学会做人。

251

相关名言

◎有过，是一过；不肯认过，又是一过。一认则两过都无，一不认则两过不免。

——【明】吕坤《呻吟语》

◎人人都会发怒，那是轻而易举的事；不过发作要找合适的对象，要恰如其分，要在恰当的时间，目的、方式也合适，这就不容易了。

——【古希腊】亚里士多德

（十四）

子谓颜渊曰："用之则行，舍之则藏^①。唯我与尔有是夫！"子路曰："子行三军^②，则谁与^③？"子曰："暴虎冯河^④，死而无悔者，吾不与也。必也临事而惧^⑤，好谋而成^⑥者也。"

——《述而》

章旨

孔子赞许颜回能用行舍藏，并戒勉子路勿徒逞血气之勇。

此章称许颜渊才德俱备，行藏得宜，非一般负才使气者可比。

注释

①**用之则行，舍之则藏**：任用我，我就出仕，使教化大行；舍弃我，我就退隐修身。舍，舍弃不用。藏，隐退。

②**行三军**：指统率军队作战。行，有统率之意。三军，泛指军队。

③**谁与**：即"与谁"，和什么人一同去呢？与，音yù，和、偕同。

④**暴虎冯河**：空手和老虎搏斗，徒步涉水过河。暴虎，徒手搏虎。冯河，徒步涉水渡河。暴虎、冯河，皆有勇而无谋之意。冯，通"淜"，音píng，无舟渡河。

⑤**临事而惧**：面临事情能戒慎恐惧。

⑥**好谋而成**：善用谋略而能成功。好，善。

本章重点在于嘉许颜渊具有"穷则独善其身，达则兼善天下"（《孟子·尽心上》）的涵养、抱负。此外也戒勉子路行军取胜，不能光凭血气之勇，必须态度谨慎，并且作好周详的计画。前者显现儒家以天下为己任，然并不枉道以事人的精神，后者指示了成功立业的态度与方法，对我们的培养胸襟、树立操守，以及发展事业，都极具启示作用。

相关名言

◎隐居以求其志，行义以达其道。

——《论语·季氏》

◎勇敢无畏，必须配以谨慎小心。

——【英国】格雷

（十五）

子路有闻^①，未之能行^②，唯恐有闻。

——《公冶长》

 **章旨**

记子路勇于力行。

注释

①**有闻**：有所听闻，在此指闻知善道。

②**未之能行**：即"未能行之"。之，指所闻之善道。

解读

所谓坐而言不如起而行，道理说得再好，却不能付诸实践，结果都是空的。子路在孔门弟子之中，性情最为果敢，于闻知道理之后，能即知即行，本章即在说明子路勇于实践的精神。"未之能行，唯恐有闻"是《论语》的记录者代述子路的用心，形容他有闻必行的性格，并非子路真的怕再听闻新的道理，所以阅读此章，千万不要以文害意。

相关名言

◎理论脱离实践是最大的不幸。

——【意大利】达·芬奇

◎行动如火，话语如烟，烟究竟不是火的本身，火愈明亮，烟就愈稀少。

——【瑞士】裴斯泰洛齐

（十六）

子曰："片言①可以折狱②者，其③由也与！"子路无宿诺④。

———《颜渊》

章旨

记孔子赞美子路能明断果决；并记子路勇于信守承诺。

注释

①片言：半言，指很少的判辞。

②折狱：判决诉讼案件。折，决断。狱，讼案。

③其：大概、恐怕。

④无宿诺：对于允诺的话，即刻就做，绝不拖延。宿，留。

解读

本章虽然简短，但可分为两段，前段赞美子路在审判案件时，只要用很少的判辞，就能作裁断，而人不怀疑；后段记载子路勇于信守承诺。不过两段之间却有密切的关系，前段为果，后段为因，说明子路由于能实践诺言，所以能取信于人，亦即有善因而得善果，由此可见平日的所行所为，影响后来之大，我们不可轻易忽略。

相关名言

◎忠者不饰行以徼荣，信者不食言以从利。

———《资治通鉴》

◎虑事贵明，处事贵断，庶几不眩。

———【明】朱元璋《明太祖宝训》

（十七）

子曰："道不行^①，乘桴^②浮于海^③；从我者，其由与！"子路闻之喜。子曰："由也好勇过我，无所取材^④。"

——《公冶长》

章旨

孔子感叹不能行道于中国，戏言欲与子路共浮于海，以子路不解己之微言，因赞美其勇，而诫其不能裁度事理。

注释

①**道不行**：理想不能实现。

②**桴**：音fú，用竹木编成的渡水器具，即竹筏、木筏。

③**浮于海**：指航行到海外。浮，漂。

④**无所取材**：无处获取（扎木筏用的）木材。

解读

乘坐木筏，航行到海外蛮荒的地区，意谓着孔子从此要放弃一向所坚持的理想。在孔子而言，本是一时感慨的话，正如子罕所记"子欲居九夷"一样，没想到子路却认真起来，听说老师愿带自己随行，喜出望外。其勇气固然可嘉，可是却不了解孔子的心意，未能衡情度理以判断此事是否可行，故孔子既赞赏他的勇气，又不免要借机告诫他一番。

相关名言

◎人生在世不称意，明朝散发弄扁舟。

——【唐】李白《宣州谢朓楼饯别校书叔云》

◎没有智慧的蛮力是没有什么价值的。

——【苏联】克雷洛夫

（十八）

子曰："衣敝缊袍①，与衣狐貉②者立，而不耻者，其由也与！'不忮不求，何用不臧③？'"子路终身④诵之。子曰："是道也⑤，何足以臧⑥？"　　——《子罕》

章旨

孔子赞美子路能不以贫富动其心，并勉其精益求精。

上四章可见子路之所能，及其有待精进之处。

注释

①**衣敝缊袍**：穿着旧絮所制成的袍子。衣，音yì，穿着。敝，破旧。缊袍，旧絮制成的袍子。

②**狐貉**：指用狐貉皮制成的裘。貉，音hé，兽名，形状像狸，尖头尖鼻，毛皮可以做裘。

③**不忮不求，何用不臧**：《诗经·邶风·雄雉》的诗句。言不忌恨人，也不贪求，怎么会不好呢？忮，音zhì，忌恨、加害。求，贪求、歆羡。何用，犹"何以"、"何为"。臧，音zāng，善。

④**终身**：本意为一辈子，在此指经常。

⑤**是道也**：这种做法。是，指"不忮不求"。

⑥**何足以臧**：怎能称得上尽善呢？何足，怎么能。

解读

子路能不爱慕虚荣，对他人的奢华享受，不会起嫉妒陷害之心，胸怀洒脱，确属难得。孔子尝谓："士志于道，而耻恶衣恶食者，未足与议也。"（《里仁》）因而对子路的安贫向道表示嘉许。然而子路在获得老师的赞赏之余，却有自满之意，将有妨于德义的精益求精，所以孔子乃及时提醒，勉励他更上层楼。

相关名言

◎鹪鹩巢于深林，不过一枝；偃鼠饮河，不过满腹。

——《庄子·逍遥游》

◎我们应该满足于自己所有的东西，贪求无益的东西，往往会把手头的东西也失掉。

——【古希腊】伊索

（十九）

子谓仲弓，曰："犁牛①之子骍且角②；虽欲勿用，山川其舍诸③？"

——《雍也》

章旨

孔子引喻说明仲弓之德足以用世，指出父虽不善，不害于子之美。

注释

①犁牛：毛色驳杂之牛，在此喻指仲弓之父。

②骍且角：毛色纯赤，角又周正。毛色纯赤，角又周正之牛，适合用来做祭祀的牺牲。骍，音xīng，纯赤色。角，指两角周正。

③虽欲勿用，山川其舍诸：虽然不想用它来祭祀，山川之神岂会舍弃它呢？此句用来比喻仲弓之贤，自当见用于世。用，指用为祭祀的牺牲。山川，指山川之神。其，岂、难道。舍，舍弃。

解读

此章孔子借"犁牛之子，骍且角"，比喻儿子如具有贤德，纵使父亲微贱，也不会受到影响。风趣生动地表达其任人唯贤的政治理念，对出身寒微者也是一种鼓励。

寒微的家世，贫困的环境，有时反而可以磨练一个人的心志，使自己发愤图强。因此我们如果家世好，环境优渥，当然值得庆幸并要懂得珍惜努力；若是家世、环境不如人，更当淬砺奋发，力争上游。

相关名言

◎将相本无种，男儿当自强。

——【北宋】汪洙《神童诗》

（二十）

子曰："孝哉，闵子骞！人不间于其父母昆弟之言①。"

——《先进》

章旨

孔子赞美闵子骞之孝友。

上二章系孔子分别称许仲弓之才及闵子骞之孝友。

注释

①人不间于其父母昆弟之言：人们对他父母、兄弟称赞他孝顺、友爱的话，都没有异议。间，音jiàn，昆，兄。

解读

闵子骞被后母虐待，当他的父亲察知实情后，想要把后母逐出家门，闵子骞却以"母在一子寒，母去三子单。"感悟了父亲，并使其后母悔改所为，成为慈母。他的表现，何止是孝，能为两个幼弟着想，其实也是悌。一家之内的成员能遵行孝悌，必能使家门和睦，家和则万事兴矣！

相关名言

◎父母爱之，喜而弗忘；父母恶之，惧而无怨。

——《礼记·祭义》

◎请问为人父？曰："宽惠而有礼。"请问为人子？曰："敬爱而致文。"

——《荀子·君道》

问题与讨论

一、 从孔子的赞述中，尧、舜、禹各有什么功德？

二、 子贡与孔子对管仲的评价不同，你以为如何？

三、 请简述对伯夷、叔齐、晏平仲、郑子产、孔文子的印象，并加以评论。

四、 后人论孔门弟子，有所谓"四科十哲"之说，四科是指什么？十哲是指哪些人？

五、 颜渊具有哪些优点，使得孔子屡次称赞之？

六、 子路以为如果孔子统率三军作战时，定会与之偕行，可是孔子却不以为然，原因为何？

七、 当子贡与孔子讨论贫与富的问题，子贡引诗"如切如磋，如琢如磨"来阐述时，孔子赞之，谓其能"告诸往而知来者"；而当孔子赞子路不以贫富动其心，子路终身诵"不忮不求，何用不臧"时，孔子又警惕他"是道也，何足以臧"。请问两者之旨趣是否相同？并说明理由。

八、 仲弓之父虽不善，但不害其子之美，针对此例，请举出两句俗谚以形容之。

孔门弟子的精神延承

传说孔门弟子三千人，贤者七十二。其实，站在今天的历史节点来看，孔门弟子中无论是名垂后世誉满天下的贤者，还是很多籍籍无名不为人知的"常人"，他们都为孔门儒学的传播起到了巨大的作用，做出了巨大的贡献。人们常说一千个读者一千个哈姆雷特，而儒学奥秘映入这些孔门弟子的心灵中，开出的性灵之花也各有千秋。既有箪食瓢饮安贫乐道的颜回，也有鲁莽好强勇直刚毅的子路，还有智慧超群游说救鲁的子贡，更有默默无闻身体力行践行儒家仁义的莘莘儒子……但无论他们是怎样地各具风骨，他们跟随夫子孜孜不倦地学习，"仁"的意念早已蕴含于他们的心灵中。周游列国、风尘仆仆、面有饥色，也遮掩不住他们那高贵的气息。

放眼今日，很多当代贤士身上也有着他们的点点影子。

袁隆平先生是中国土生土长的世界级农业科学家。20世纪80年代初，当袁隆平被印度农业部前部长斯瓦米纳森博士庄重地领上国际学术会议的讲坛时，这位博士把袁隆平称为"杂交水稻之父"，并郑重地向各国专家介绍说："他的成就不仅是中国的骄傲，也是世界的骄傲。他的成就给世界带来了福音。"2004年，他先后被授予世界粮食奖、以色列沃夫奖、泰国金镰刀奖。袁隆平研究的三系法杂交水稻成为世界上首例成功的杂交水稻品种，据统计从1976到1987十年间，中国的杂交水稻增产稻谷1000亿公斤，这对于七八十年代还在为温饱努力的中国农民来说，简直就是救命粮。这样一位人类史上伟大的科学家，与那个时代很多人一样，也经历了社会上的种种魔难、生活中的种种坎坷。但幼年学通中西的慈母给他的良好教育，让他从小就拥有了善良美好的品质；幼年桃源似的田园生活，亦使他深深地热爱他足下泥土的芳香。他到了青年时期，恰逢日本侵略战争。战火纷飞的时局下，他做出了一生的选择："我惟一的选择就是成为一个农业科学家。"

曾子曰："士不可以不弘毅，任重而道远。仁以为己任，不亦重乎？死而后已，不亦远乎？"当袁隆平的父亲问他是否真的愿意成为一个满身庄稼味的农民时，他说，泥土的芳香不是远比战争的硝烟味道要好吗？于是，一个伟大的科学家从这一日启航了。还有什么成就能够比拯救千万人的生命于饥饿之中更值得称赞，更能体现"仁"的精神呢？也正因为此，袁隆平先生成为了中国最受人尊敬的人之一。

如果说袁隆平先生是誉满天下的科学家，那么白芳礼先生则是几十年默默无闻的一位普通人。

白先生幼年没读过什么书，时代原因，到处流浪，后来，如骆驼祥子一样拉起了车，这一干就是60多年，凭借着三轮车，他养大了4个孩子，其中3个都上了大学。等到他操劳了大半生，74岁准备退休时，他突然做出了一个惊人的决定：帮助贫困孩子上学。于是，他捐出了自己的全部积蓄，又重新开始了蹬车工作。在此后的20年间，他从未买过一件衣服，每餐不过一个馒头，一碗白水。他把省下的每一分钱都捐资助学，300多个学子，35万善款，老人就这样贫苦而快乐地完成着自己生命的理想，他说："我不吃肉，不吃鱼，不吃虾，我把钱都攒着，给困难学生们。"就这样，他感动着中国乃至世界的每一个人。

子曰："贤哉回也！一箪食，一瓢饮，在陋巷，人不堪其忧，回也不改其乐。贤哉回也！"箪食瓢饮不改其乐，是往日孔子盛赞的爱徒颜子，而在近日，用来赞誉这位平凡的老人创造的伟大的"仁德"也不为过吧。

相比于颜子的安贫乐道的气质，子路的好勇刚直的风骨也令人激赏。

2006年3月21日上午10时，北京市中级人民法院的原告席上的人是郝劲松，这是一场没有硝烟的法律战争，但在很多人看来非常奇怪，因为这只是关于5毛钱的官司，因为郝劲松在北京地铁使用了收费厕所，但他认为这5毛钱收得不合理，把北京地铁公司告上法庭。两年间，他打了7场类似的官司——他在火车餐车上买一瓶水，要发票，列车员都笑了："火车自古没有发票。"于是他起诉铁道部和国家税务总局。"在强大的机构面前，人们往往除了服从别无选择，但我不愿意，我要把他们拖上战场，我不一定能赢，但我会让他们觉得痛，让他们害怕有十几、二十个像我这样的人站出来，让他们因为害怕而迅速地改变。""今天你可以失去它（很少的钱）的权利，你不抗争，明天你同样会失去更多的权利，人身权，财产权，包括土地、房屋……"这是一种令人崇敬、自省的坚守，更是一种令人振奋、期待的抗争。无论在哪个时代，子路的气质并未绝迹，都是值得庆幸的事情吧。

孔门弟子传承的儒家精神，虽不似老人家一样博大深远，但也通过自身的践行、传播更易使我们普通人领会。无论哪位弟子，无论有着怎样的个性，他们都那样执着地坚持着、行进着，浮躁的我们，何不反躬自省，静下来，做下去，向着自己的心灵，向着真正的"仁"生，大大地迈起步来呢？

1.【2011年高考语文山东卷】

阅读下面的文言文,完成后面的问题。(前4题12分,每小题3分)

　　桓公问治民于管子①。管子对曰:"凡牧民者,必知其疾,而忧之以德,勿惧以罪,勿止以力。慎此四者,足以治民也。"桓公曰:"善。勿已,如是又何以行之?"管仲对曰:"质信极忠,严以有礼,慎此四者,所以行之也。"桓公曰:"请闻其说。"管仲对曰:"信也者,民信之;忠也者,民怀之;严也者,民畏之;礼也者,民美之。语曰:'泽命不渝,信也;非其所欲,勿施于人,仁也;坚中外正,严也;质信以让,礼也'。"桓公曰:"善哉!"

　　桓公又问曰:"寡人欲修政以干时②于天下,其可乎?"管子对曰:"可。"公曰:"安始而可?"管子对曰:"始于爱民。"公曰:"爱民之道奈何?"管子对曰:"公修公族,家修家族,使相连以事,相及以禄,则民相亲矣。放旧罪,修旧宗,立无后,则民殖矣。省刑罚,薄赋敛,则民富矣。乡建贤士,使教于国,则民有礼矣。出令不改,则民正矣。此爱民之道也。"

　　桓公在位,管仲、隰朋见。立有间,有二鸿飞而过之。桓公叹曰:"仲父,今彼鸿鹄有时而南,有时而北,有时而往,有时而来,四方无远,所欲至而至焉。非唯有羽翼之故,是以能通其意于天下乎?"管仲、隰朋不对。桓公曰:"二子何故不对?"管子对曰:"君有霸王之心,而夷吾非霸王之臣也,是以不敢对。"桓公曰:"仲父胡为然,盍不当言,寡人其有乡乎?寡人之有仲父也,犹飞鸿之有羽翼也,若济大水有舟楫也。仲父不一言教寡人,寡人之有耳,将安闻道而得度哉?"管子对曰:"君若将欲霸王,举大事乎?则必从其本事矣。"桓公变躬迁席,拱手而问曰:"敢问何谓其本?"管子对曰:"齐国百姓,公之本也。人甚忧饥,而税敛重;人甚惧死,而刑政险;人甚伤劳,而上举事不时。公轻其税敛,则人不忧饥;缓其刑政,则人不惧死;举事以时,则人不伤劳。"桓公曰:"寡人闻仲父之言此三者,闻命矣,不敢擅也,将荐之先君。"明日,皆朝于太庙之门。朝定,令于百吏。使税者百一钟,孤幼不刑,泽梁时纵,关讥而不征,市书而不赋。近者示之以忠信,远者示之以礼义。行此数年,而民归之如流水。

　　　　　　　　　　　　　　　　　　　　(节选自《管子》,《四部丛刊》本,有删改)

　　【注】①管子:名仲,字夷吾,齐国国相。②干时:谋求定时会盟诸侯。

(1)对下列句子中加点词的解释,不正确的一项是

　　A. 勿已。如是,又何以行之　　　　　已:停止

　　B. 泽命不渝,信也　　　　　　　　　渝:坚持

　　C. 公修公族,家修家族　　　　　　　修:治理

　　D. 若济大水有舟楫也　　　　　　　　济:渡过

(2)下列各组句子中,加点词的意义和用法相同的一组是

　　A. 是以能通其意于天下乎　　　　　　故燕王欲结于君

B. 拱手而问曰　　　　　　　　朝济而夕设版焉

C. 缓其刑政则人不惧死　　　　三人行则必有我师

D. 寡人闻仲父之言此三者　　　此亡秦之续耳

(3) 以下六句话分别编为四组,全部直接体现以民为本思想的一组是

①必知其疾,而忧之以德　　　　②人甚忧饥而税敛重,人甚惧死而刑政险

③省刑罚,薄赋敛　　　　　　　④皆朝于太庙之门,朝定令于百吏

⑤齐国百姓,公之本也　　　　　⑥近者示之以忠信,远者示之以礼义

　　A. ①③⑤　　　　B. ①④⑥　　　　C. ②③⑤　　　　D. ②④⑤

(4) 对原文有关内容的理解和解析,下列表述不正确的一项是

　　A. "信""仁""严""礼"是为政的重要原则,也就是国君要对百姓讲究信用,施行仁爱,严肃法纪,提倡礼仪。

　　B. 齐桓公想通过修明政事,提高齐国的政治地位,达到会盟诸侯的目的,因此他希望得到管仲的认可和辅佐。

　　C. 对于桓公称霸天下的想法,管仲采取以退为进的策略,明确表达了反对意见,并表明了自己的政治主张。

　　D. 齐桓公有抱负,能纳谏,接受了管仲的民本思想,并采取相应的措施,得到了四方百姓的拥护。

(5) 把文言文阅读材料中加横线的句子翻译成现代汉语。(10分)

　　勿惧以罪,勿止以力。

_____

　　出令不改,则民正矣。

_____

　　君若将欲霸王、举大事乎? 则必从其本事矣。

_____

2.【2002年高考语文北京卷】

把下面一段文言文中画线的部分译成现代汉语。(5分)

　　管仲曰:"吾尝为鲍叔谋事而更穷困,鲍叔不以我为愚,知时有利不利也。吾尝三仕三见逐于君,鲍叔不以我为不肖,知我不遭时也。生我者父母,知我者鲍子也。"鲍叔既进管仲,以身下之。天下不多管仲之贤而多鲍叔能知人也。

　　(1) 尝为鲍叔谋事而更穷困,鲍叔不以我为愚,知时有利不利也

_____

　　(2) 天下不多管仲之贤而多鲍叔能知人也

_____

1. **不亦乐乎**：岂不是很快乐吗？后常用以表示极度、非常快乐之意。语出《学而》。

2. **巧言令色**：说话很动听，脸色表现得很和善。语出《学而》。

3. **行有余力**：躬行实践后，还有多余的心力。语出《学而》。

4. **言而有信**：说到做到，讲究诚信。语出《学而》。

5. **君子自重**：本指君子要庄重，才有威仪。此谓君子当看重自己的身分人格，不要越礼。语出《学而》。

6. **慎终追远**：谨慎地办理父母的丧事，追思祭祀祖先。表示不忘本。语出《学而》。

7. **安贫乐道**：安于贫穷，并以追求真理为快乐。语出《学而》。

8. **众星拱辰**：天上众星拱卫北辰（北极星）。比喻四方归向有德的国君。亦作"众星拱北"。语出《为政》。

9. **一言以蔽之**：用一句话来总括全体。语出《为政》。

10. **志学之年**：孔子十五岁时一心向学，后人称十五岁为"志学之年"。语出《为政》。

11. **而立之年**：孔子三十岁时，能坚定志向，卓然自立。后人称三十岁为"而立之年"。语出《为政》。

12. **不惑之年**：孔子四十岁时，对一切事理能通达不惑。后人称四十岁为"不惑之年"。语出《为政》。

13. **知命之年**：孔子五十岁时，能知道天命的道理。后人称五十岁为"知命之年"。语出《为政》。

14. **耳顺之年**：孔子六十岁时，一听人说话，就能明白其道理。后人称六十岁为"耳顺之年"。语出《为政》。

15. **随心所欲**：依个人心愿而为所欲为。语出《为政》。

16. **人焉廋哉**：这个人的一切怎能隐藏得住呢? 廋，音sōu，藏匿。语出《为政》。

17. **温故知新**：温习已学过的知识，领悟新的道理。语出《为政》。

18. **君子不器**：君子学问广博，不像器具一般，只限于一种用途。语出《为政》。

19. **周而不比**：待人普遍亲厚，而不结党以营私。语出《为政》。

20. **见义勇为**：见到正义的事就勇敢去做。语出《为政》。

21. **是可忍，孰不可忍**：指事情恶劣或受侮辱到不可容忍的地步。语出《八佾》。

22. **君子之争**：有礼节的竞争，绝不伤害双方的和气。语出《八佾》。

23. **告朔饩羊**：譬喻虚应故事。原指每月初一告祭祖庙时，被宰杀的那只活羊。因当时礼制已废，徒然保存一只供羊而已。朔，初一。饩，音xì，活的牲畜。语出《八佾》。

24. **哀而不伤**：哀思而情感有所节制。语出《八佾》。

25. **成事不说**：已经形成的事，就不便再解说它的是非了。语出《八佾》。

26. **既往不咎**：对以往的过错，不再责备追究。咎，音jiù，过失，此作动词用。语出《八佾》。

27. **尽善尽美**：形容事物达到最美好的境地。语出《八佾》。

28. **里仁为美**：居住在仁德的地方才好。语出《里仁》。

29. **造次颠沛**：急遽匆忙与颠沛流离的时候。语出《里仁》。

30. **观过知仁**：观察一个人的过失，就可以知道他仁或不仁。语出《里仁》。

31. **朝闻夕死**：早晨得知道理，当晚可以死去。极言道的重要。语出《里仁》。

32. **恶衣恶食**：粗劣的衣食。语出《里仁》。

33. **无适无莫**：对人对事没有偏颇，无所厚薄，以理行事。适，音dí，专主。莫，不肯。语出《里仁》。

34. **一以贯之**: 用一个道理统贯天下万事万物的道理。语出《里仁》。

35. **见贤思齐**: 见到贤德的人, 就想向他看齐。语出《里仁》。

36. **劳而不怨**: 本指子女对不接受规劝的父母, 心里担忧而不怨忿。后谓虽劳苦而不生怨。语出《里仁》。

37. **游必有方**: 出游必告知去处。语出《里仁》。

38. **一则以喜, 一则以惧**: 一方面因而高兴, 一方面因而恐惧。语出《里仁》。

39. **德不孤, 必有邻**: 有道德的人, 一定有人来亲近他。语出《里仁》。

40. **乘桴浮海**: 乘着小舟, 泛海到远方。比喻想遗世独立。桴, 音fú, 用竹子编成的小舟。语出《公冶长》。

41. **闻一知十**: 听到一种道理, 就可领悟其他十种道理。形容一个人的领悟力高。语出《公冶长》。

42. **朽木不可雕**: 腐朽的木头不可再雕刻。形容不求上进的人不可造就。亦作"朽木难雕"、"朽木粪土"。语出《公冶长》。

43. **不耻下问**: 向身分低的人请教不觉得羞耻。形容谦虚向学。语出《公冶长》。

44. **善与人交**: 善于与人交往, 保持友情。语出《公冶长》。

45. **三思而行**: 再三考虑之后才去做。三, 虚数, 表示多次。语出《公冶长》。

46. **愚不可及**: 形容愚笨到了极点。语出《公冶长》。

47. **斐然成章**: 很有文彩, 成绩可观。语出《公冶长》。

48. **不念旧恶**: 不记过去的仇恨。语出《公冶长》。

49. **肥马轻裘**: 形容服御华丽, 生活豪奢。亦作"乘肥衣轻"、"裘马轻肥"。语出《雍也》。

50. **箪食瓢饮**: 形容生活非常清苦。箪食, 音dān sì, 一竹筐的饭。瓢, 音piáo, 将瓠瓜剖成两半, 用来装水。亦作"一箪一瓢"。语出《雍也》。

51. **中道而废**: 原意是指力量不够, 也要做一半才中途停止。今谓事情做了一半就放弃了。语出《雍也》。

52. **行不由径**: 走路不抄小径。比喻人行为光明正大。径, 小路。语出《雍也》。

53. **殿后**: 行军时走在最后。亦泛指居后。语出《雍也》。

54. **文质彬彬**: 形容文质兼备。今多用来形容男子斯文有礼。文, 外表。质, 本质。彬彬, 文质配合均匀的样子。语出《雍也》。

55. **敬而远之**：尊敬其人而不与之接近，保持一定距离。语出《雍也》。

56. **先难后获**：艰难的事，争先恐后去做；获利的事，宁愿居后。语出《雍也》。

57. **知水仁山**：形容明白事理的人通澈如水，品德高尚的人凝重如山。知，通"智"。语出《雍也》。

58. **乐山乐水**：比喻人的爱好兴趣有所不同。乐，音yào，爱好。语出《雍也》。

59. **从井救人**：比喻徒然危害自己而无益于人。语出《雍也》。

60. **博施济众**：广施德惠，拯救众民。语出《雍也》。

61. **能近取譬**：能够就近拿自己作比，推己及人，设身处地为别人着想。语出《雍也》。

62. **述而不作**：只阐述别人的成说，自己没有创见。语出《述而》。

63. **学而不厌**：形容虚心向学。语出《述而》。

64. **诲人不倦**：教导别人非常有耐心，从不厌倦。语出《述而》。

65. **梦见周公**：本指孔子志欲行周公之道。后世转变为"睡觉"的代称。语出《述而》。

66. **依仁游艺**：不背离仁道，自在涵泳于艺文活动。语出《述而》。

67. **束脩**：古代入学敬师的礼物。束脩，十脡干肉。脩，干肉，十脡为束，故曰束脩。语出《述而》。

68. **启发**：教导引发，使明白事理。语出《述而》。

69. **举一反三**：提示其中一项，能类推出其他三项。比喻人反应灵敏。反，以类相推。语出《述而》。

70. **用行舍藏**：受人重用，则出而行道；不受重用，则退而隐居。舍，在此指不受重用。语出《述而》。

71. **暴虎冯河**：空手搏虎，徒步涉河。比喻冒险蛮干，有勇无谋。冯，通"淜"，音píng。语出《述而》。

72. **好谋而成**：先计画妥当，再按计画实行，直至成功。语出《述而》。

73. **三月不知肉味**：喻音乐感人至深。今引申为贫困，很久没有肉吃。语出《述而》。

74. **求仁得仁**：原指孔子赞扬伯夷、叔齐互让君位，追求仁道终于得到仁道，无所怨恨。后泛指适如其愿。语出《述而》。

75. **乐在其中**：陶醉在里头而感到快乐。语出《述而》。

76. **富贵浮云**：视富贵如浮云，言其轻微不足道。语出《述而》。

77. **发愤忘食**：发愤起来，连饭都忘了吃。语出《述而》。

78. **乐以忘忧**：由于快乐而忘记忧愁。语出《述而》。

79. **好古敏求**：爱好古代文化，勤勉追求学识。语出《述而》。

80. **择善而从**：能发现别人的优点，并且加以学习。语出《述而》。

81. **威而不猛**：具有威严却不凶猛。语出《述而》、《尧曰》。

82. **故旧不遗**：不遗弃故交。语出《泰伯》。

83. **战战兢兢**：恐惧戒慎的样子。兢，音jīng。语出《泰伯》（源于《诗经》而为曾子所引用）。

84. **临深履薄**：比喻非常谨慎小心。语出《泰伯》（源于《诗经》而为曾子所引用）。

85. **人之将死，其言也善**：人快死的时候，因良心发现，讲出善良的话来。语出《泰伯》。

86. **犯而不校**：被冒犯了也不计较。校，计较。语出《泰伯》。

87. **六尺之孤**：指父王已死的年幼国君。语出《泰伯》。

88. **百里之命**：方百里之国之政令。百里，公侯之国。语出《泰伯》。

89. **任重道远**：形容一个人责任重大，路途遥远。语出《泰伯》。

90. **死而后已**：形容努力不懈，至死才停止。语出《泰伯》。

91. **不在其位，不谋其政**：不处在某一职位，就不谋划有关的事务。亦指不用关心与自己无关的事情。语出《泰伯》。

92. **斯文扫地**：指文化或文人不受尊重，或文人甘堕落。语出《子罕》。

93. **多能鄙事**：会做很多粗鄙的工作。语出《子罕》。

94. **空空如也**：原指诚恳虚心的样子，后用以形容一无所有。语出《子罕》。

95. **凤鸟不至**：喻当世无圣王之叹。凤鸟，神鸟，比喻圣王。语出《子罕》。

96. **循循善诱**：耐心而有步骤地启发引导所教的对象。后称教导有方。语出《子罕》。

97. **欲罢不能**：本指学习心切，后来泛指兴之所至，不能中止。语出《子罕》。

98. **待贾而沽**：等待高价而出售。比喻等待好的待遇或条件，才肯出来作事。

语出《子罕》。

99. **不舍昼夜**：日夜不止息。语出《子罕》。

100. **功亏一篑**：功败垂成。篑，音kuì，竹筐、竹笼，盛土之竹器。语出《子罕》。

101. **秀而不实**：吐穗开花而不结实。常比喻人聪慧而终无成就。语出《子罕》。

102. **后生可畏**：指年轻晚辈的成就可能超越前辈。现在也用来指后生小辈的行为很可怕。语出《子罕》。

103. **过勿惮改**：有了过错，不怕去改正。惮，音dàn，害怕。语出《子罕》。

104. **不忮不求**：不嫉妒，不贪求。忮zhì，嫉妒。语出《子罕》（源于《诗经》而为孔子所引用）。

105. **松柏后凋**：松柏即使在寒冬也不凋落。比喻人的志节坚贞。语出《子罕》。

106. **仁者不忧**：成德者依理而行，安然无所忧患。语出《子罕》。

107. **食不厌精，脍不厌细**：泛指饮食很讲究。脍，音kuài，细切的肉。语出《乡党》。

108. **食不言，寝不语**：吃饭时不讨论，睡觉时不说话。语出《乡党》。

109. **三复白圭**：形容人言语行动特别谨慎。复，反覆地读。白圭为《诗经》教人说话谨慎的诗。语出《先进》。

110. **未知生，焉知死**：没有了解生的道理，怎么会了解死的道理。语出《先进》。

111. **一仍旧贯**：一切照旧行事。语出《先进》。

112. **言必有中**：发言必能中肯。语出《先进》。

113. **升堂入室**：比喻学问或修养的境界，已达深入的地步。堂，厅堂。室，内室。语出《先进》。

114. **过犹不及**：做事过分就好比做得不够一样，皆不妥当。过，超过。不及，不足。语出《先进》。

115. **鸣鼓而攻**：公开声讨罪责。攻，攻击责备。长，音zhǎng。语出《先进》。

116. **亿则屡中**：料事总是和实际相合。亿，通"臆"，预料、揣度。语出《先进》。

117. **一日之长**：年龄比人稍长。语出《先进》。

118. **克己复礼**：约束自己，使言行符合于礼。复，反归。语出《颜渊》。

119. **非礼勿视**：不合乎礼的不去看。语出《颜渊》。

120. **视听言动**：指人的视觉、听觉、言论、行为。语出《颜渊》。

121. **己所不欲，勿施于人**：谓设身处地，将心比心。语出《颜渊》。

122. **内省不疚**：自己省察，一点也不愧作。疚，音jiù，愧作。语出《颜渊》。

123. **死生有命，富贵在天**：人之生死、富贵，命运天意早有安排。语出《颜渊》。

124. **四海之内皆兄弟**：天下之人都是自己的兄弟。形容到处都有可亲近的人，不必怕孤独。语出《颜渊》。

125. **肤受之愬**：指谗言。肤受，肌肤所受，利害切身。愬，同"诉"。语出《颜渊》。

126. **民无信不立**：百姓若不信赖政府，国家就无法存在了。语出《颜渊》。

127. **驷不及舌**：言已出口，驷马难追。谓出言当谨慎。驷，四匹马。语出《颜渊》。

128. **爱之欲其生，恶之欲其死**：指对人对事的看法不客观，好恶偏向两极化。语出《颜渊》。

129. **片言折狱**：用很少的判辞断定是非，判决案件。语出《颜渊》。

130. **成人之美**：助人为善。语出《颜渊》。

131. **风行草偃**：比喻为政者的行为，影响到百姓。偃，音yǎn，倒下来。语出《颜渊》。

132. **察言观色**：观察言语脸色，以揣测对方的心意。语出《颜渊》。

133. **一朝之忿**：一时的忿恨。语出《颜渊》。

134. **忠告善道**：忠言相告，善言引导。语出《颜渊》。

135. **以文会友**：以文事结交朋友。文，指诗、书、礼、乐。语出《颜渊》。

136. **名正言顺**：身分名位先确定，才能做好事情。语出《子路》。

137. **手足无措**：形容无所适从。措，音cuò，安放。语出《子路》。

138. **胜残去杀**：使凶暴的人化而为善，因而可以废除死刑。语出《子路》。

139. **一言兴邦**：一言而可以使国家兴隆。语出《子路》。

140. **一言丧邦**：一言失误，遂使国家陷于覆灭。语出《子路》。

141. **近悦远来**：附近的人高兴，远方的人归顺。指为政者的德泽让百姓心悦诚服。语出《子路》。

142. **欲速不达**：急着要完成某事，反而无法达到目的。语出《子路》。

143. **行己有耻**：指对于自己的行为有羞耻之心。语出《子路》。

144. **言必信，行必果**：言必诚信，行必果断。语出《子路》。

145. **和而不同**：和睦相处，但不随便盲从附和。语出《子路》。

146. **易事难说**：容易服侍而很难讨好。语出《子路》。

147. **危言危行**：正直的言论和行为。危，正直。语出《宪问》。

148. **见利思义**：遇见利益先要想到道义。语出《宪问》。

149. **见危授命**：遇到危险愿意牺牲生命。语出《宪问》。

150. **久要不忘**：做人重信义，不忘记很久以前对人的约定。要，约。语出《宪问》。

151. **时然后言**：在适当的时候才说话。语出《宪问》。

152. **被发左衽**：今多用以比喻被蛮夷所同化。被，音pī，通"披"，散。左衽，衣襟左扣，是夷狄的习俗。语出《宪问》。

153. **匹夫匹妇**：平民男女，泛指平民。语出《宪问》。

154. **以德报怨**：以恩惠来对待仇人。语出《宪问》。

155. **以直报怨**：以公道来对待自己所怨恨的人。语出《宪问》。

156. **怨天尤人**：人不如意时，抱怨天，责怪人。语出《宪问》。

157. **知其不可而为之**：明知事情不能办，也要努力去完成。语出《宪问》。

158. **深厉浅揭**：原指涉浅水则撩衣而过，遇深水则连衣而下。后用以喻处事随宜，因时地而异。厉，涉水。揭，音qì，提起衣服。语出《宪问》（本于《诗经》而为荷蒉者所引用）。

159. **老而不死是谓贼**：咒骂年老恶人之词。语出《宪问》。

160. **俎豆之事**：指宗庙祭祀之大事。俎、豆为古代祭祀时用以盛祭品的器皿。语出《卫灵公》。

161. **君子固穷**：君子贫穷时，仍然固守节操。语出《卫灵公》。

162. **小人穷斯滥矣**：小人穷困时则无所不为。语出《卫灵公》。

163. **无为而治**：原指无所作为就能把天下治理好。也指不要干涉过多，让人民各自发挥聪明才智。语出《卫灵公》。

164. **志士仁人**：有节操、公而忘私的人。语出《卫灵公》。

165. **杀身成仁**：为正义或理想而舍弃生命。语出《卫灵公》。

166. **工欲善其事，必先利其器**：要把工作做好，必先有良好的工具。表示工具的重要性。语出《卫灵公》。

167. **人无远虑，必有近忧**：勉励人凡事要作长远的打算。近忧，随时会发生的忧患。语出《卫灵公》。

168. **无如之何**：本做"末如之何"，无可奈何。语出《卫灵公》。

169. **言不及义**：说无聊的话，不涉及正理。语出《卫灵公》。

170. **好行小慧**：原指爱耍小聪明。后指好对人行施小恩小惠。意同"好行小惠"。语出《卫灵公》。

171. **没世无名**：死后没有好名声让人称述。语出《卫灵公》。

172. **群而不党**：合群而不结派成帮。党，朋比阿私。语出《卫灵公》。

173. **不以人废言**：苟有善言可取，不计其人的品德。语出《卫灵公》。

174. **小不忍，则乱大谋**：小事不能忍耐，就会败坏大的计划。语出《卫灵公》。

175. **君子忧道不忧贫**：君子但忧学道之有无进步，行道之有无进展，不为生活困苦而担忧。语出《卫灵公》。

176. **当仁不让**：面对实行仁道的时候，就不必谦让。语出《卫灵公》。

177. **贞而不谅**：坚守大的原则，而不拘泥于小信。谅，指小信。语出《卫灵公》。

178. **有教无类**：指不论贵贱、贫富，一律加以教导。无类，不分阶级。语出《卫灵公》。

179. **道不同，不相为谋**：理想不同就不必在一起行事。道，指理想。语出《卫灵公》。

180. **陈力就列**：在自己的职位上施展才能。陈，施展。列，位。语出《季氏》。

181. **不患寡而患不均**：治理国家不愁土地人民之寡少，而患财富分配不平均。语出《季氏》。

182. **既来之，则安之**：本指招徕远人，并加以安抚。今指已经来了，应该安心。语出《季氏》。

183. **分崩离析**：形容整个团体不能团结，各有异心。语出《季氏》。

184. **祸起萧墙**：祸患起于家门之内。萧墙，门屏。语出《季氏》。

185. **直谅多闻**：称赞朋友正直、守信、见多识广。语出《季氏》。

186. **血气方刚**：形容年轻人精力正旺盛。语出《季氏》。

187. **趋庭之教**：子受父训。语出《季氏》。

188. **岁不我与**：岁月不会等待人。今多用作自叹年纪逐渐老大。与，等待。语出《阳货》。

189. **性相近，习相远**：人先天的本性都差不多，后天的习染就有很大的差异。

语出《阳货》。

190. **上知下愚**：最聪明与最愚蠢的人。知，通"智"。语出《阳货》。

191. **牛刀割鸡**：比喻大材小用。或指小题大作。亦作"割鸡焉用牛刀"。语出《阳货》。

192. **涅而不缁**：比喻操守不变，即使在坏环境里也能不受影响。涅，音niè。古代用作黑色染料的一种矿物。缁，黑色。语出《阳货》。

193. **面墙而立**：面对墙壁站立，目无所见。比喻人如不学，则固陋无知。语出《阳货》。

194. **色厉内荏**：外表看起来很有威严，其实内心很软弱。色，外表。厉，威严。荏，音rěn，软弱。语出《阳货》。

195. **穿窬之盗**：指穿墙打洞危害人民的盗贼。窬，音yú，洞穴。语出《阳货》。

196. **道听涂说**：从路上听到的，未经查证，马上又转告他人。涂，同"途"。语出《阳货》。

197. **患得患失**：未得，怕不能得；既得，又怕失去。指斤斤计较个人得失。语出《阳货》。

198. **恶紫夺朱**：厌恶用紫色取代红色。古代以朱色为正色，喻正统。后用以比喻邪恶胜过正义，或异端冒充真理。语出《阳货》。

199. **钻燧改火**：打火的燧木轮用了一次，即过了一年。燧，音suì，取火之木。古人钻木取火，四时各异其木，春用榆柳，夏用枣杏，季夏用桑柘，秋用柞楢，冬用槐檀。语出《阳货》。

200. **饱食终日，无所用心**：整天只知吃喝，无所事事，不用心思。语出《阳货》。

201. **往者不可谏，来者犹可追**：过往的事，已无法劝阻；未来的事，还可赶上。谏，劝阻。语出《微子》。

202. **四体不勤，五谷不分**：不事劳动，不知农务。语出《微子》。

203. **降志辱身**：贬抑志气，辱没身分。语出《微子》。

204. **无可无不可**：本谓出仕或退隐，相机而行，初无成见。后亦指人不明白表态，或没有主见。语出《微子》。

205. **文过饰非**：掩饰过失、错误。文，音wèn，掩饰。饰，遮掩。语出《子张》。

206. **小德出入**：小节无妨略有变通。语出《子张》。

207. **学而优则仕**: 学习后德业优良, 则当仕进以行其道。后多用以表读书可以作官之意。亦作 "学优而仕"、"学优则仕"。语出《子张》。

208. **哀矜勿喜**: 表示应抱持怜悯之心, 不要得意高兴。语出《子张》。

209. **恶居下流**: 厌恶居处卑下的地位。下流, 即下游, 引申指卑下的地位。语出《子张》。

210. **不得其门而入**: 找不到门路。今多用来形容学艺不得其法, 或求职没有门路。语出《子张》。

211. **生荣死哀**: 生时荣显, 死后令人哀悼。称颂受人敬重的死者。语出《子张》。

212. **兴灭继绝**: 使灭亡的国家再复兴, 断绝的世族再延续下去。语出《尧曰》。

213. **惠而不费**: 能加惠于人而于己无损。语出《尧曰》。

214. **慢令致期**: 发布教令迟缓, 又要限期办好。语出《尧曰》。

索引

有信。虽曰未学,吾必谓之学矣。"(论学·六)

（八）子曰:"君子不重则不威,学则不固;主忠信;无友不如己者;过,则勿惮改。"(论士与君子·六)

（九）曾子曰:"慎终追远,民德归厚矣!"(论孝·七)

（十五）子贡曰:"贫而无谄,富而无骄,何如?"子曰:"可也。未若贫而乐,富而好礼者也。"子贡曰:"诗云:'如切如磋,如琢如磨。'其斯之谓与!"子曰:"赐也,始可与言诗已矣!告诸往而知来者。"(论诗礼乐·二)

为政第二　凡二十四章　录十三章

（三）子曰:"道之以政,齐之以刑,民免而无耻;道之以德,齐之以礼,有耻且格。"(论政治·一)

（四）子曰:"吾十有五而志于学,三十而立,四十而不惑,五十而知天命,六十而耳顺,七十而从心所欲,不逾矩。"(论学·二十)

（五）孟懿子问孝。子曰:"无违。"樊迟御,子告之曰:"孟孙问孝于我,我对曰:'无违'。"樊迟曰:"何谓也?"子曰:"生,事之以礼;死,葬之以礼,祭之以礼。"(论孝·一)

（六）孟武伯问孝。子曰:"父母唯其疾之忧。"(论孝·二)

（七）子游问孝。子曰:"今之孝者,是谓能养。至于犬马,皆能有养;不敬,何以别乎?"(论孝·三)

（八）子夏问孝。子曰:"色难。有事,弟子服其劳;有酒食,先生馔。曾是以为孝乎?"(论孝·四)

（九）子曰:"吾与回言终日,不违如愚。退而省其私,亦足以发,回也不愚。"(论古今人物与孔门弟子·十二)

（十）子曰:"视其所以,观其所由,察其所安,人焉廋哉?人焉廋哉?"(论道德修养·十六)

（十一）子曰："温故而知新，可以为师矣。"（论学·十六）

（十四）子曰："君子周而不比，小人比而不周。"（论士与君子·十一）

（十五）子曰："学而不思则罔，思而不学则殆。"（论学·七）

（十七）子曰："由，诲女知之乎！知之为知之，不知为不知，是知也。"（论学·九）

（二十四）子曰："非其鬼而祭之，谄也。见义不为，无勇也。"（论道德修养·五）

八佾第三　凡二十六章　录三章

（三）子曰："人而不仁，如礼何？人而不仁，如乐何？"（论诗礼乐·七）

（四）林放问礼之本。子曰："大哉问！礼，与其奢也，宁俭；丧，与其易也，宁戚。"（论诗礼乐·六）

（七）子曰："君子无所争，必也射乎！揖让而升，下而饮，其争也君子。"（论士与君子·十二）

里仁第四　凡二十六章　录十四章

（一）子曰："里仁为美。择不处仁，焉得知？"（论仁·二）

（二）子曰："不仁者，不可以久处约，不可以长处乐。仁者安仁，知者利仁。"（论仁·三）

（五）子曰："富与贵，是人之所欲也；不以其道得之，不处也。贫与贱，是人之所恶也；不以其道得之，不去也。君子去仁，恶乎成名？君子无终食之间违仁，造次必于是，颠沛必于是。"（论仁·十六）

（八）子曰："朝闻道，夕死可矣。"（论道德修养·二十四）

（九）子曰："士志于道，而耻恶衣恶食者，未足与议也。"（论士与君子·二）

（十）子曰："君子之于天下也，无适也，无莫也，义之与比。"（论士与君

子·十三）

（十二）子曰："放于利而行，多怨。"（论道德修养·十八）

（十四）子曰："不患无位，患所以立；不患莫己知，求为可知也。"（论道德修养·二十一）

（十五）子曰："参乎！吾道一以贯之。"曾子曰："唯。"子出，门人问曰："何谓也？"曾子曰："夫子之道，忠恕而已矣！"（论道德修养·二十二）

（十六）子曰："君子喻于义，小人喻于利。"（论士与君子·四）

（十七）子曰："见贤思齐焉，见不贤而内自省也。"（论道德修养·八）

（十八）子曰："事父母，几谏；见志不从，又敬不违；劳而不怨。"（论孝·五）

（二十二）子曰："古者言之不出，耻躬之不逮也。"（论道德修养·十）

（二十五）子曰："德不孤，必有邻。"（论道德修养·一）

公冶长第五　凡二十七章　录九章

（六）子曰："道不行，乘桴浮于海。从我者，其由与！"子路闻之喜。子曰："由也好勇过我，无所取材。"（论古今人物与孔门弟子·十七）

（十三）子路有闻，未之能行，唯恐有闻。（论古今人物与孔门弟子·十五）

（十四）子贡问曰："孔文子何以谓之文也？"子曰："敏而好学，不耻下问，是以谓之文也。"（论古今人物与孔门弟子·八）

（十五）子谓子产有君子之道四焉："其行己也恭，其事上也敬，其养民也惠，其使民也义。"（论古今人物与孔门弟子·七）

（十六）子曰："晏平仲善与人交，久而敬之。"（论古今人物与孔门弟子·六）

（二十一）子在陈曰："归与！归与！吾党之小子狂简，斐然成章，不知所以裁之！"（论古今人物与孔门弟子·九）

（二十二）子曰："伯夷、叔齐，不念旧恶，怨是用希。"（论古今人物与孔门弟

子·四）

（二十五）颜渊、季路侍。子曰："盍各言尔志？"子路曰："愿车、马、衣、轻裘，与朋友共敝之而无憾。"颜渊曰："愿无伐善，无施劳。"子路曰："愿闻子之志！"子曰："老者安之，朋友信之，少者怀之。"（孔子的为人·一）

（二十六）子曰："已矣乎！吾未见能见其过而内自讼者也。"（论道德修养·六）

雍也第六　凡二十八章　录九章

（二）哀公问："弟子孰为好学？"孔子对曰："有颜回者好学，不迁怒，不贰过，不幸短命死矣！今也则亡，未闻好学者也。"（论古今人物与孔门弟子·十三）

（四）子谓仲弓，曰："犁牛之子，骍且角；虽欲勿用，山川其舍诸？"（论古今人物与孔门弟子·十九）

（九）子曰："贤哉，回也！一箪食，一瓢饮，在陋巷，人不堪其忧，回也不改其乐。贤哉，回也！"（论古今人物与孔门弟子·十一）

（十）冉求曰："非不说子之道，力不足也。"子曰："力不足者，中道而废；今女画。"（论学·十四）

（十六）子曰："质胜文则野，文胜质则史。文质彬彬，然后君子。"（论士与君子·十）

（十八）子曰："知之者，不如好之者；好之者，不如乐之者。"（论学·十九）

（十九）子曰："中人以上，可以语上也；中人以下，不可以语上也。"（论教育·五）

（二十四）宰我问曰："仁者，虽告之曰：'井有仁焉。'其从之也？"子曰："何为其然也？君子可逝也，不可陷也；可欺也，不可罔也。"（论士与君子·十七）

（二十八）子贡曰："如有博施于民，而能济众，何如？可谓仁乎？"子曰："何事于仁，必也圣乎！尧、舜其犹病诸！夫仁者，己欲立而立人，己欲达而达人。能近取譬，可谓仁之方也已。"（论仁·十二）

述而第七　凡三十七章　录十七章

（三）子曰："德之不修，学之不讲，闻义不能徙，不善不能改，是吾忧也。"（孔子的为人·三）

（四）子之燕居，申申如也，夭夭如也。（孔子的为人·十三）

（五）子曰："甚矣，吾衰也！久矣，吾不复梦见周公！"（孔子的为人·九）

（六）子曰："志于道，据于德，依于仁，游于艺。"（论学·二十一）

（七）子曰："自行束脩以上，吾未尝无诲焉！"（论教育·一）

（八）子曰："不愤不启，不悱不发。举一隅，不以三隅反，则不复也。"（论教育·八）

（九）子食于有丧者之侧，未尝饱也。子于是日哭，则不歌。（孔子的为人·十九）

（十）子谓颜渊曰："用之则行，舍之则藏。唯我与尔有是夫！"子路曰："子行三军，则谁与？"子曰："暴虎冯河，死而无悔者，吾不与也。必也临事而惧，好谋而成者也。"（论古今人物与孔门弟子·十四）

（十五）子曰："饭疏食，饮水，曲肱而枕之，乐亦在其中矣！不义而富且贵，于我如浮云。"（孔子的为人·六）

（十八）叶公问孔子于子路，子路不对。子曰："女奚不曰：'其为人也，发愤忘食，乐以忘忧，不知老之将至云尔！'"（孔子的为人·七）

（二十）子不语：怪、力、乱、神。（孔子的为人·十六）

（二十六）子钓而不纲，弋不射宿。（孔子的为人·二十一）

（二十八）互乡难与言。童子见，门人惑。子曰："与其进也，不与其退也。唯何甚？人洁己以进，与其洁也，不保其往也。"（论教育·二）

（二十九）子曰："仁远乎哉？我欲仁，斯仁至矣！"（论仁·十四）

（三十一）子与人歌而善，必使反之，而后和之。（孔子的为人·十八）

（三十三）子曰："若圣与仁，则吾岂敢！抑为之不厌，诲人不倦，则可谓云尔已矣！"公西华曰："正唯弟子不能学也！"（孔子的为人·四）

（三十七）子温而厉，威而不猛，恭而安。（孔子的为人·十四）

泰伯第八　凡二十一章　录九章

（二）子曰："恭而无礼则劳，慎而无礼则葸，勇而无礼则乱，直而无礼则绞。君子笃于亲，则民兴于仁；故旧不遗，则民不偷。"（论诗礼乐·五）

（三）曾子有疾，召门弟子曰："启予足！启予手！诗云：'战战兢兢，如临深渊，如履薄冰。'而今而后，吾知免夫！小子！"（论孝·六）

（七）曾子曰："士不可以不弘毅，任重而道远。仁以为己任，不亦重乎！死而后已，不亦远乎！"（论士与君子·三）

（八）子曰："兴于《诗》，立于礼，成于乐。"（论诗礼乐·一）

（十四）子曰："不在其位，不谋其政。"（论政治·六）

（十七）子曰："学如不及，犹恐失之！"（论学·十五）

（十八）子曰："巍巍乎，舜、禹之有天下也，而不与焉！"（论古今人物与孔门弟子·二）

（十九）子曰："大哉，尧之为君也！巍巍乎！唯天为大，唯尧则之。荡荡乎！民无能名焉。巍巍乎，其有成功也。焕乎，其有文章。"（论古今人物与孔门弟子·一）

（二十一）子曰："禹，吾无间然矣！菲饮食，而致孝乎鬼神；恶衣服，而致美乎黻冕；卑宫室，而尽力乎沟洫。禹，吾无间然矣！"（论古今人物与孔门弟子·三）

子罕第九　凡三十章　录十一章

（四）子绝四：毋意，毋必，毋固，毋我。（孔子的为人·十五）

（七）子曰："吾有知乎哉？无知也。有鄙夫问于我，空空如也，我叩其两端而竭焉。"（论教育·七）

（十）颜渊喟然叹曰："仰之弥高，钻之弥坚，瞻之在前，忽焉在后；夫子循循然善诱人：博我以文，约我以礼，欲罢不能。既竭吾才，如有所立卓尔，虽欲从之，末由也已！"（孔子的为人·二十二）

（十二）子贡曰："有美玉于斯，韫椟而藏诸？求善贾而沽诸？"子曰："沽之哉！沽之哉！我待贾者也！"（孔子的为人·十）

（十六）子在川上曰："逝者如斯夫，不舍昼夜！"（论学·十）

（十八）子曰："譬如为山，未成一篑；止，吾止也！譬如平地，虽覆一篑；进，吾往也！"（论学·十二）

（二十一）子曰："苗而不秀者，有矣夫！秀而不实者，有矣夫！"（论学·十三）

（二十二）子曰："后生可畏，焉知来者之不如今也。四十、五十而无闻焉，斯亦不足畏也已！"（论学·十一）

（二十五）子曰："三军可夺帅也，匹夫不可夺志也。"（论学·三）

（二十六）子曰："衣敝缊袍，与衣狐貉者立，而不耻者，其由也与！'不忮不求，何用不臧？'"子路终身诵之。子曰："是道也，何足以臧？"（论古今人物与孔门弟子·十八）

（二十七）子曰："岁寒，然后知松柏之后彫也。"（论士与君子·二十二）

乡党第十　凡十八章　录一章

（十二）厩焚。子退朝，曰："伤人乎？"不问马。（孔子的为人·二十）

（二）子曰："从我于陈、蔡者，皆不及门也。"德行：颜渊、闵子骞、冉伯牛、仲弓。言语：宰我、子贡。政事：冉有、季路。文学：子游、子夏。（论古今人物与孔门弟子·十）

（四）子曰："孝哉，闵子骞！人不间于其父母昆弟之言。"（论古今人物与孔门弟子·二十）

（十一）季路问事鬼神。子曰："未能事人，焉能事鬼？""敢问死？"曰："未知生，焉知死？"（孔子的为人·十七）

（十六）季氏富于周公，而求也为之聚敛而附益之。子曰："非吾徒也，小子鸣鼓而攻之可也！"（论政治·十五）

（二十一）子路问："闻斯行诸？"子曰："有父兄在，如之何其闻斯行之？"冉有问："闻斯行诸？"子曰："闻斯行之！"公西华曰："由也问：'闻斯行诸？'子曰：'有父兄在。'求也问：'闻斯行诸？'子曰：'闻斯行之！'赤也惑，敢问？"子曰："求也退，故进之；由也兼人，故退之。"（论教育·六）

（二十五）子路、曾晳、冉有、公西华侍坐。子曰："以吾一日长乎尔，毋吾以也！居则曰：'不吾知也！'如或知尔，则何以哉？"

子路率尔而对曰："千乘之国，摄乎大国之间，加之以师旅，因之以饥馑，由也为之，比及三年，可使有勇，且知方也。"夫子哂之。

"求，尔何如？"对曰："方六七十，如五六十，求也为之，比及三年，可使足民；如其礼乐，以俟君子。"

"赤，尔何如？"对曰："非曰能之，愿学焉。宗庙之事，如会同、端章甫，愿为小相焉。"

"点，尔何如？"鼓瑟希，铿尔，舍瑟而作。对曰："异乎三子者之撰！"子曰："何伤乎？亦各言其志也。"曰："莫春者，春服既成；冠者五六人，童子六七人，浴乎沂，风乎舞雩，咏而归。"夫子喟然

叹曰：“吾与点也！”

三子者出，曾皙后。曾皙曰：“夫三子者之言何如？”子曰：“亦各言其志也已矣！”曰：“夫子何哂由也？”曰：“为国以礼，其言不让，是故哂之。”“唯求则非邦也与？”“安见方六七十，如五六十，而非邦也者？”“唯赤则非邦也与？”“宗庙会同，非诸侯而何？赤也为之小，孰能为之大？”（孔子的为人·二）

颜渊第十二　凡二十四章　录十一章

（一）颜渊问仁。子曰：“克己复礼为仁。一日克己复礼，天下归仁焉。为仁由己，而由人乎哉？”颜渊曰：“请问其目？”子曰：“非礼勿视，非礼勿听，非礼勿言，非礼勿动。”颜渊曰：“回虽不敏，请事斯语矣！”（论仁·六）

（二）仲弓问仁。子曰：“出门如见大宾，使民如承大祭。己所不欲，勿施于人。在邦无怨，在家无怨。”仲弓曰：“雍虽不敏，请事斯语矣。”（论仁·七）

（五）司马牛忧曰：“人皆有兄弟，我独亡！”子夏曰：“商闻之矣：‘死生有命，富贵在天。君子敬而无失，与人恭而有礼；四海之内，皆兄弟也。’君子何患乎无兄弟也？”（论士与君子·十八）

（七）子贡问政。子曰：“足食，足兵，民信之矣。”子贡曰：“必不得已而去，于斯三者何先？”曰：“去兵。”子贡曰：“必不得已而去，于斯二者何先？”曰：“去食。自古皆有死，民无信不立。”（论政治·十四）

（十一）齐景公问政于孔子，孔子对曰：“君君，臣臣，父父，子子。”公曰：“善哉！信如君不君，臣不臣，父不父，子不子，虽有粟，吾得而食诸？”（论政治·五）

（十二）子曰：“片言可以折狱者，其由也与！”子路无宿诺。（论古今人物与孔门弟子·十六）

（十六）子曰："君子成人之美，不成人之恶；小人反是。"（论士与君子·十六）

（十九）季康子问政于孔子曰："如杀无道，以就有道，何如？"孔子对曰："子为政，焉用杀？子欲善，而民善矣！君子之德风，小人之德草；草上之风，必偃。"（论政治·九）

（二十二）樊迟问仁。子曰："爱人。"问知。子曰："知人。"樊迟未达。子曰："举直错诸枉，能使枉者直。"樊迟退，见子夏，曰："乡也，吾见于夫子而问知，子曰：'举直错诸枉，能使枉者直。'何谓也？"子夏曰："富哉言乎！舜有天下，选于众，举皋陶，不仁者远矣；汤有天下，选于众，举伊尹，不仁者远矣。"（论仁·八）

（二十三）子贡问友。子曰："忠告而善道之，不可则止，无自辱焉！"（论道德修养·十二）

（二十四）曾子曰："君子以文会友，以友辅仁。"（论道德修养·十三）

子路第十三　凡三十章　录十三章

（二）仲弓为季氏宰，问政。子曰："先有司，赦小过，举贤才。"曰："焉知贤才而举之？"曰："举尔所知，尔所不知，人其舍诸？"（论政治·十一）

（三）子路问："卫君待子而为政，子将奚先？"子曰："必也正名乎！"子路曰："有是哉，子之迂也！奚其正？"子曰："野哉，由也！君子于其所不知，盖阙如也。名不正，则言不顺；言不顺，则事不成；事不成，则礼乐不兴；礼乐不兴，则刑罚不中；刑罚不中，则民无所措手足。故君子名之必可言也，言之必可行也。君子于其言，无所苟而已矣！"（论政治·四）

（五）子曰："诵《诗》三百，授之以政，不达；使于四方，不能专对。虽多，亦奚以为？"（论诗礼乐·四）

（六）子曰："其身正，不令而行；其身不正，虽令不从。"（论政治·八）

（九）子适卫，冉有仆。子曰："庶矣哉！"冉有曰："既庶矣，又何加焉？"曰：

"富之。"曰:"既富矣,又何加焉?"曰:"教之。"(论政治·十三)

(十六)叶公问政。子曰:"近者说,远者来。"(论政治·三)

(十七)子夏为莒父宰,问政。子曰:"无欲速,无见小利。欲速,则不达;见小利,则大事不成。"(论政治·七)

(十九)樊迟问仁。子曰:"居处恭,执事敬,与人忠。虽之夷狄,不可弃也。"(论仁·九)

(二十)子贡问曰:"何如斯可谓之士矣?"子曰:"行己有耻,使于四方,不辱君命,可谓士矣。"曰:"敢问其次?"曰:"宗族称孝焉,乡党称弟焉。"曰:"敢问其次?"曰:"言必信,行必果,硁硁然小人哉!抑亦可以为次矣。"曰:"今之从政者何如?"子曰:"噫!斗筲之人,何足算也!"(论士与君子·一)

(二十一)子曰:"不得中行而与之,必也狂狷乎!狂者进取,狷者有所不为也。"(论教育·三)

(二十四)子贡问曰:"乡人皆好之,何如?"子曰:"未可也。""乡人皆恶之,何如?"子曰:"未可也。不如乡人之善者好之,其不善者恶之。"(论道德修养·十七)

287

(二十五)子曰:"君子易事而难说也。说之不以道,不说也;及其使人也,器之。小人难事而易说也。说之虽不以道,说也;及其使人也,求备焉。"(论士与君子·十五)

(二十七)子曰:"刚、毅、木、讷,近仁。"(论仁·四)

宪问第十四　凡四十七章　录六章

(十八)子贡曰:"管仲非仁者与?桓公杀公子纠,不能死,又相之。"子曰:"管仲相桓公,霸诸侯,一匡天下,民到于今受其赐;微管仲,吾其被发左衽矣!岂若匹夫匹妇之为谅也,自经于沟渎而莫之知也。"(论古今人物与孔门弟子·五)

（二十九）子曰："君子耻其言而过其行也。"（论士与君子·二十）

（三十）子曰："君子道者三，我无能焉：仁者不忧，知者不惑，勇者不惧。"子贡曰："夫子自道也！"（孔子的为人·五）

（三十六）或曰："以德报怨，何如？"子曰："何以报德？以直报怨，以德报德。"（论道德修养·十九）

（三十七）子曰："莫我知也夫！"子贡曰："何为其莫知子也？"子曰："不怨天，不尤人；下学而上达。知我者，其天乎！"（孔子的为人·八）

（四十一）子路宿于石门。晨门曰："奚自？"子路曰："自孔氏。"曰："是知其不可而为之者与？"（孔子的为人·十一）

卫灵公第十五　凡四十一章　录十五章

（一）卫灵公问陈于孔子。孔子对曰："俎豆之事，则尝闻之矣；军旅之事，未之学也。"明日遂行。在陈绝粮，从者病，莫能兴。子路愠见曰："君子亦有穷乎？"子曰："君子固穷，小人穷，斯滥矣。"（论士与君子·二十三）

（二）子曰："赐也，女以予为多学而识之者与？"对曰："然，非与？"曰："非也！予一以贯之。"（论学·八）

（七）子曰："可与言而不与之言，失人；不可与言而与之言，失言。知者不失人，亦不失言。"（论道德修养·十一）

（八）子曰："志士仁人，无求生以害仁，有杀身以成仁。"（论仁·五）

（九）子贡问为仁。子曰："工欲善其事，必先利其器。居是邦也，事其大夫之贤者，友其士之仁者。"（论仁·十）

（十四）子曰："躬自厚而薄责于人，则远怨矣！"（论道德修养·二十）

（十六）子曰："群居终日，言不及义，好行小慧，难矣哉！"（论道德修养·十四）

（十八）子曰："君子病无能焉，不病人之不己知也。"（论士与君子·七）

（十九）子曰："君子疾没世而名不称焉。"（论士与君子·五）

（二十二）子曰："君子不以言举人，不以人废言。"（论士与君子·十四）

（二十三）子贡问曰："有一言而可以终身行之者乎？"子曰："其恕乎！己所不欲，勿施于人。"（论道德修养·二十三）

（二十六）子曰："巧言乱德。小不忍则乱大谋。"（论道德修养·二）

（二十九）子曰："过而不改，是谓过矣。"（论道德修养·七）

（三十五）子曰："当仁，不让于师。"（论仁·十五）

（三十八）子曰："有教无类。"（论教育·四）

季氏第十六　凡十四章　录三章

（四）孔子曰："益者三友，损者三友：友直，友谅，友多闻，益矣；友便辟，友善柔，友便佞，损矣。"（论道德修养·十五）

（七）孔子曰："君子有三戒：少之时，血气未定，戒之在色；及其壮也，血气方刚，戒之在斗；及其老也，血气既衰，戒之在得。"（论士与君子·二十一）

（九）孔子曰："生而知之者，上也；学而知之者，次也；困而学之，又其次也；困而不学，民斯为下矣！"（论学·四）

阳货第十七　凡二十六章　录十一章

（二）子曰："性相近也，习相远也。"（论学·一）

（四）子之武城，闻弦歌之声。夫子莞尔而笑曰："割鸡焉用牛刀？"子游对曰："昔者偃也闻诸夫子曰：'君子学道则爱人，小人学道则易使也。'"子曰："二三子！偃之言是也。前言戏之耳！"（论政治·二）

（六）子张问仁于孔子。孔子曰："能行五者于天下，为仁矣。"请问之。曰："恭、宽、信、敏、惠。恭则不侮，宽则得众，信则人任焉，敏则有功，惠

则足以使人。"（论仁·十一）

（八）子曰："由也，女闻'六言六蔽'矣乎？"对曰："未也。""居！吾语女：好仁不好学，其蔽也愚；好知不好学，其蔽也荡；好信不好学，其蔽也贼；好直不好学，其蔽也绞；好勇不好学，其蔽也乱；好刚不好学，其蔽也狂。"（论学·二）

（九）子曰："小子何莫学夫《诗》？《诗》可以兴，可以观，可以群，可以怨。迩之事父，远之事君；多识于鸟兽草木之名。"（论诗礼乐·三）

（十一）子曰："礼云礼云，玉帛云乎哉？乐云乐云，钟鼓云乎哉？"（论诗礼乐·八）

（十三）子曰："乡原，德之贼也！"（论道德修养·三）

（十四）子曰："道听而涂说，德之弃也！"（论道德修养·四）

（十九）子曰："予欲无言。"子贡曰："子如不言，则小子何述焉？"子曰："天何言哉！四时行焉，百物生焉，天何言哉？"（论教育·九）

（二十）孺悲欲见孔子，孔子辞以疾。将命者出户，取瑟而歌，使之闻之。（论教育·十）

（二十四）子贡曰："君子亦有恶乎？"子曰："有恶。恶称人之恶者，恶居下流而讪上者，恶勇而无礼者，恶果敢而窒者。"曰："赐也亦有恶乎？""恶徼以为知者，恶不孙以为勇者，恶讦以为直者。"（论士与君子·十九）

微子第十八　凡十一章　录一章

（六）长沮、桀溺耦而耕。孔子过之，使子路问津焉。长沮曰："夫执舆者为谁？"子路曰："为孔丘。"曰："是鲁孔丘与？"曰："是也。"曰："是知津矣！"问于桀溺，桀溺曰："子为谁？"曰："为仲由。"曰："是鲁孔丘之徒与？"对曰："然。"曰："滔滔者，天下皆是也，而谁以易之？且而与其从辟人之士也，岂若从辟世之士哉？"耰而不辍。子路行以告，夫子

怃然曰:"鸟兽不可与同群! 吾非斯人之徒与而谁与? 天下有道, 丘不与易也。"(孔子的为人·十二)

子张第十九　凡二十五章　录六章

(五)子夏曰:"日知其所亡, 月无忘其所能; 可谓好学也已矣! "(论学·十七)

(六)子夏曰:"博学而笃志, 切问而近思; 仁在其中矣。"(论仁·十三)

(八)子夏曰:"小人之过也, 必文。"(论士与君子·九)

(十)子夏曰:"君子信而后劳其民; 未信, 则以为厉己也。信而后谏; 未信, 则以为谤己也。"(论政治·十二)

(十九)孟氏使阳肤为士师。问于曾子。曾子曰:"上失其道, 民散久矣! 如得其情, 则哀矜而勿喜。"(论政治·十六)

(二十一)子贡曰:"君子之过也, 如日月之食焉。过也, 人皆见之; 更也, 人皆仰之。"(论士与君子·八)